ECOS DO DINHEIRO

MARTIN CASALS IGLESIAS

Autor de *Investimentos, Finanças Comportamentais* e *Viajando nos Investimentos*

ECOS DO DINHEIRO

A HISTÓRIA DO MERCADO FINANCEIRO DA **ANTIGUIDADE** AOS **CRIPTOATIVOS**

Prefácio de

ALEXANDRE DE ÁZARA

ALTA BOOKS

GRUPO EDITORIAL

Rio de Janeiro, 2025

Ecos do Dinheiro

ISBN: 978-85-508-2725-4

Alta Cult é um selo do Grupo Editorial Alta Books (Starlin Alta Editora e Consultoria LTDA.).

Produção Editorial: Grupo Editorial Alta Books
Impresso no Brasil — 1ª Edição, 2025 — Edição revisada conforme o Acordo Ortográfico da Língua Portuguesa de 2009.

Dados Internacionais de Catalogação na Publicação (CIP)

I33e
Iglesias, Martin
Ecos do dinheiro: a história do mercado financeiro da Antiguidade aos criptoativos / Martin Iglesias. - Rio de Janeiro: Alta Books, 2025.
180 p.; 16x23 cm.
Inclui bibliografia.

ISBN 978-85-508-2725-4

1. Finanças - História. 2. Mercados financeiros. 3. Crises econômicas - História. 4. Criptoativos. I. Título.

CDD 332.09

Índice para catálogo sistemático:
1. Finanças : História 332.09

Produção Editorial: Grupo Editorial Alta Books
Diretor Editorial: Anderson Vieira
Editor da Obra: J.A. Ruggeri
Vendas Governamentais: Cristiane Mutüs
Produtora Editorial: Rita Motta

ALTA BOOKS
GRUPO EDITORIAL

Rua Viúva Cláudio, 291 — Bairro Industrial do Jacaré
CEP: 20.970-031 — Rio de Janeiro (RJ)
Tels.: (21) 3278-8069 / 3278-8419
www.altabooks.com.br — altabooks@altabooks.com.br
Ouvidoria: ouvidoria@altabooks.com.br

Editora
afiliada à:

ASSOCIADO

Para minha mãe, que me ensinou a amar a história, a buscar o conhecimento e a enxergar no passado os ecos que moldam o presente e o futuro. Sua paixão inspira cada página deste livro.

Agradecimentos

À MINHA MÃE, LAURA Angélica, devo a semente de tudo que este livro representa. Com sua paixão pelo conhecimento e seu amor pela história, ela me ensinou a valorizar o passado e a compreender como ele molda o presente. Foi ela quem despertou em mim a curiosidade, o desejo de aprender e a certeza de que o conhecimento é uma herança preciosa que atravessa gerações.

À minha irmã, Claudia, que tantas vezes foi minha guia nas intricadas veredas da linguagem, meu agradecimento por seu apoio incondicional e olhar atento às nuances dos meus textos. Suas sugestões sempre transformaram palavras em mensagens mais claras e precisas, dando forma ao meu estilo de escrever.

À minha filha Helena, dedico não apenas este livro, mas a herança mais valiosa que recebi dos meus pais: a paixão pelo conhecimento e pela informação. Que ela encontre, nas palavras deste livro, um vislumbre do que a história nos ensina e do que podemos alcançar ao conhecê-la profundamente.

À Fundação Getúlio Vargas, sou imensamente grato por ter plantado a semente deste projeto ao me solicitar a criação de uma aula introdutória sobre a história do mercado financeiro. Foi no esforço de traduzir séculos de transformações financeiras para uma sala de aula que percebi a vastidão e a riqueza desse tema.

Ao meu amigo Jurandir Macedo, que, em conversas informais e inspiradoras, compartilhou histórias que hoje encontram lugar nestas páginas. Sua paixão pelo tema foi um sopro de incentivo e um exemplo de como o conhecimento pode ser transmitido com entusiasmo.

Por fim, ao Itaú, onde aprendi que o sistema financeiro não é apenas um mecanismo de números e transações, mas uma força capaz de transformar a sociedade de maneira positiva. Essa perspectiva moldou muitas das reflexões que permeiam este livro.

A todos vocês, meu mais profundo obrigado. Este livro é tanto um reflexo das histórias que cruzaram meu caminho quanto das pessoas que iluminaram meu percurso. Que estas páginas sejam uma homenagem a cada um de vocês.

Sumário

Prefácio

Conheci o Martin no primeiro dia do nosso mestrado, em março de 2003, era a primeira turma do mestrado profissional da FGV. Logo descobrimos que trabalhávamos no mesmo grupo financeiro. Martin no ITAU e eu no ITAU BBA. Começamos a conversar e nunca mais paramos. Ficamos amigos. Quando ele me convidou para escrever o prefácio de seu livro imaginem minha felicidade e orgulho por essa responsabilidade.

Martin está agora em sua sexta obra. Além de executivo do Itaú ele também é professor na FGV. Em *Ecos do dinheiro*, Martin consegue fazer uma descrição muito abrangente e interessante da origem e evolução do mercado financeiro.

O livro é dividido em 4 seções, que ao final de cada capítulo resumem eficientemente os pontos de aprendizado deixado por cada um dos marcantes acontecimentos. Sendo claramente um livro introdutório para a história do mercado financeiro, com referências históricas e culturais interessantíssimas.

Na Seção I, é impressionante lembrar as referências de Hamurabi e a questão ética levantada por diferentes filosofias sobre o princípio moral da cobrança de juros por empréstimos. Sem juros e empréstimos a eficiência alocativa e a adequada remuneração do detentor do capital não podem ser atingidas eficientemente.

Na Seção II, os bypasses engendrados pelos Médici são uma descrição muito interessante que foi um second best enquanto a usura era crime. Fica evidente a ineficiência alocativa desse período e explica a dificuldade de financiamento do início ao final da idade média. Os capítulos dessa seção dispõem de maneira muito inteligente os diversos instrumentos e avanços engendrados em diferentes regiões de concentração de comércio e financiamentos, e como esses instrumentos também fizeram a arte e a ciência avançarem em conjunto.

Além disso, mostra o Locus das primeiras bolhas, como um café começou o mercado de seguros na Inglaterra e que a maior contribuição de Edmond Halley não foi só descobrir o cometa que leva seu sobrenome, mas a instituição das primeiras tabuas atuariais. Simplesmente fascinante.

No final da seção aprendemos como Alexander Hamilton criou o tesouro americano e logo depois como a família Rothschild revolucionou o sistema financeiro criando uma rede de informações eficiente que facilitou a tomada de decisões de maneira mais rápida e eficiente.

Na Seção III, Martin nos mostra o papel fundamental de John Pierpoint Morgan, na consolidação de ferrovias, produção de aço e sistemas financeiros culminando com a criação do Federal Reserve, o Banco Central Americano. Contemporaneamente, nos mostra quanto o telegrafo unificou e transformou as informações que antes levavam dias ou até semanas para serem disseminadas para se tornarem quase instantâneas e criando possibilidades de arbitragem e unificou as bolsas de Londres e Nova York

Mas o livro não nos deixa apenas as intervenções positivas do sistema financeiro, o detalhamento e diferenciação entre esquemas de Ponzi e pirâmides financeiras mostra o quão perigosos a ambição sem controle e a falta de regulação apropriada pode expor clientes a risco.

A Seção III termina com o crash da bolsa de 1929 e a influência de Graham no sistema financeiro nos mostra que Buffet foi seu aluno.

Por fim, a Seção IV nos mostra o surgimento do mercado financeiro moderno e as práticas financeiras com o uso do teorema de Markowitz e como suas derivações até o Fama nos colocaram numa situação melhor de precificação de riscos.

Essa seção é muito ilustrativa nos desafios modernos, descrevendo o crash de 1987, a bolha dos anos 2000, a crise do LTCM, a grande recessão derivada da crise imobiliária americana.

É um apanhado muito bem organizado de todos esses momentos culminando com a crise do COVID e as perguntas relevantes para onde vamos.

Resumindo, tudo que vemos é um belíssimo exemplar de introdução às finanças e mercado financeiro, com descrições no tamanho certo para provocar o aprofundamento nos tópicos dada a referência bibliográfica. Muito útil e bem organizado. Espero que os leitores se divirtam e aprendam muito com o livro.

Alexandre de Ázara

(Mestre em economia pela FGV e Economista chefe do UBSBB e para o Brasil no UBS Investment Bank, já foi economista chefe da Mauá Investimentos, Modal Asset Management, Itau Asset management e Banco ItauBBA)

Apresentação

Se há algo que aprendi ao longo de mais de três décadas de experiência no mercado financeiro e ao longo de outros tantos anos acompanhando notícias e atualidades, é que a compreensão da história econômica é tão vital quanto a dos números e gráficos que dominam os relatórios financeiros. Os eventos do passado, como ecos, reverberam no presente, moldando decisões, tendências e comportamentos. O dinheiro, por sua vez, não é apenas uma ferramenta de troca, mas também um influente motor social, político e jurídico, cujos efeitos transcendem o tempo. Foi essa percepção que guiou minha paixão e dedicação ao tema, e, com grande entusiasmo, apresento *Ecos do Dinheiro: A História do Mercado Financeiro da Antiguidade aos Criptoativos*.

Este livro nasceu de uma aula que venho ministrando há mais de 10 anos – uma aula que, sem dúvida, foi a que mais me deu trabalho para montar e que me traz imensa alegria ao compartilhar. Nessa aula, busco não apenas explicar conceitos financeiros, mas conectar eventos históricos e tendências econômicas para oferecer uma visão integrada do mercado financeiro. A complexidade e a riqueza dessa jornada acadêmica serviram como a espinha dorsal para este livro, e é meu desejo que você, leitor, possa sentir a mesma empolgação e descoberta que sinto ao ensinar esse material.

Minha experiência profissional no mercado financeiro me permitiu observar e participar de transformações profundas na economia global. Ao longo dos anos, testemunhei o surgimento de novas tecnologias e o impacto de eventos econômicos históricos, que moldaram o sistema financeiro em constante evolução. Essa vivência, somada ao fato de ser filho de uma dedicada professora de história e amante de atualidades, notícias e leitura, contribuiu significativamente para o desenvolvimento desta obra.

Este livro é escrito para um público geral, mas tenho certeza de que profissionais do mercado financeiro, assim como estudantes de administração, economia, história e contabilidade, encontrarão nele um valor especial. Em *Ecos do Dinheiro*, tentei abordar a história do mercado financeiro de uma maneira acessível, mas também com a profundidade necessária para oferecer uma visão significativa e enriquecedora para aqueles que buscam entender não apenas o funcionamento do sistema financeiro, mas também sua evolução ao longo dos séculos.

Reconheço que tenho uma certa dificuldade em gerar textos contínuos e coesos, e apesar dos meus esforços, você poderá perceber que o livro pode parecer fracionado em partes independentes. Cada capítulo é uma peça de um quebra-cabeça maior, focado em aspectos importantes e impactantes para o mundo como um todo. Esta abordagem, embora possa parecer fragmentada, visa preservar a clareza e a relevância dos eventos e das ideias discutidas, sem comprometer a trajetória global da publicação.

Minha intenção ao escrever "Ecos do Dinheiro" é que ele não apenas informe, mas também inspire. Espero que, no futuro, o livro possa ser traduzido e alcance leitores ao redor do mundo, oferecendo uma perspectiva global sobre a evolução do mercado financeiro, desde as trocas comerciais da antiguidade até a revolução digital dos criptoativos.

Ao ler este livro, você está embarcando em uma jornada através do tempo, explorando como o conceito de dinheiro e o sistema financeiro se desenvolveram e se adaptaram às mudanças culturais, tecnológicas e econômicas. A cada página, busque não apenas entender os eventos, mas também refletir sobre como eles moldaram o mundo em que vivemos hoje.

Espero que "Ecos do Dinheiro" ofereça uma visão valiosa e envolvente sobre a história do mercado financeiro e que, acima de tudo, inspire uma apreciação mais profunda pela complexa tapeçaria que entrelaça economia e história. Seja você um profissional do mercado financeiro, um estudante ou um curioso, minha esperança é que você encontre neste livro uma fonte de conhecimento e inspiração que ressoe com a mesma paixão com a qual foi escrito.

Com gratidão e entusiasmo,

Martin Casals Iglesias
(Seu anfitrião nesta jornada)

Já Pensou como Seria o Mundo sem o Sistema Financeiro?

Imaginem, caros leitores, um mundo onde o sistema financeiro nunca existiu. Nesse universo paralelo, não há bancos, mercados de ações ou cartões de crédito. Pensem em um dia comum, onde todas as transações são feitas por meio de dinheiro em espécie. Teríamos que carregar grandes quantidades de notas e moedas para cada compra, ou então dependeríamos de trocas diretas: o padeiro trocaria pão por leite com o fazendeiro, que trocaria leite por ovos com o avicultor, e assim por diante. A princípio, pode parecer uma vida simplificada e até romântica, mas vamos mergulhar um pouco mais fundo.

Sem bancos, a ideia de poupança e investimento seria quase inexistente. Como guardaríamos nossos recursos para o futuro? Enterraríamos moedas de ouro e prata no quintal, ou talvez escondêssemos notas debaixo do colchão. A segurança e a integridade de nossos bens estariam constantemente ameaçadas, seja por ladrões, desastres naturais ou a simples deterioração do dinheiro físico ao longo do tempo.

Além disso, sem um sistema financeiro, a alocação de recursos seria incrivelmente ineficiente. Imagine a dificuldade de reunir capital suficiente para um grande empreendimento, como a construção de uma casa ou o início de um novo negócio. Cada pessoa dependeria exclusivamente de suas economias ou da boa vontade de amigos e familiares. Os sonhos de empreendedores e famílias seriam limitados pela falta de capital disponível, e muitos projetos promissores jamais veriam a luz do dia.

Ademais, sem financiamentos ou hipotecas, seria necessário juntar o valor total da propriedade em dinheiro vivo para comprar uma casa. Isso tornaria a aquisição de um lar próprio um objetivo quase inatingível para a maioria das pessoas. Sem crédito, o consumo seria drasticamente reduzido e a economia sofreria com a falta de dinamismo. Os mercados imobiliário e de consumo estagnariam, e o progresso econômico seria extremamente lento.

E o que dizer da aposentadoria? Sem fundos de pensão ou previdência, cada indivíduo seria responsável por guardar recursos para a velhice. A falta de planejamento e a incerteza econômica poderiam piorar a vida da população idosa, que ficaria sem meios de se sustentar após décadas de trabalho. A sociedade enfrentaria crises sociais significativas, com ainda mais idosos vivendo na pobreza, sem acesso a cuidados básicos de saúde ou moradia digna.

Além disso, sem o mercado de ações, as empresas teriam dificuldades em captar recursos para expandir seus negócios. A inovação e o desenvolvimento tecnológico seriam retardados, uma vez que muitos dos avanços modernos dependem de investimentos pesados. O progresso científico e industrial seria lento, e talvez ainda estivéssemos vivendo em uma era de ferramentas rudimentares. Imagine um mundo sem computadores, smartphones ou medicamentos avançados. Muitos dos confortos e conveniências que tomamos como garantidos simplesmente não existiriam.

Outro aspecto crítico seria a mobilidade social. Sem acesso a crédito educacional, muitos indivíduos talentosos e trabalhadores não conseguiriam obter a educação necessária para progredir economicamente. A desigualdade social seria exacerbada, e a meritocracia ficaria gravemente comprometida. As oportunidades de ascensão social seriam ainda mais limitadas àqueles que já possuíam recursos significativos.

Ainda, as relações internacionais seriam drasticamente diferentes sem um sistema financeiro. O comércio global, como conhecemos, seria inviável sem uma maneira de financiar e assegurar transações internacionais. A interdependência econômica entre nações seria reduzida, resultando em um mundo muito mais isolacionista e menos colaborativo. A globalização, que trouxe tantos benefícios econômicos e culturais, simplesmente não teria ocorrido.

Sem os bancos centrais, não haveria uma entidade para gerenciar a política monetária e estabilizar a economia. Em tempos de crise, como recessões ou depressões, não haveria um mecanismo para injetar liquidez e estimular a recuperação econômica. A estabilidade econômica seria uma utopia distante, e as flutuações extremas de riqueza e pobreza seriam comuns.

As microfinanças, que têm sido um instrumento vital para combater a pobreza em muitas partes do mundo, não existiriam sem um sistema financeiro. Milhões de pessoas que dependem de pequenos empréstimos para iniciar ou expandir seus negócios ficariam desamparadas. A inclusão financeira, que permite que indivíduos e comunidades melhorem suas condições de vida, seria um conceito desconhecido.

Sem o desenvolvimento dos mercados financeiros, a gestão de riscos seria rudimentar. Produtos financeiros como seguros, derivativos e opções são ferramentas essenciais para mitigar riscos em diversos setores da economia. A ausência desses instrumentos tornaria a vida muito mais precária e imprevisível, tanto para indivíduos quanto para empresas.

Além disso, a filantropia moderna também seria impactada. Muitas grandes doações e fundações beneficentes dependem de retornos financeiros significativos para financiar seus projetos. Sem um sistema financeiro robusto, a capacidade de apoiar causas sociais importantes seria drasticamente reduzida.

Apesar de toda essa importância, o sistema financeiro muitas vezes encontra dificuldades em comunicar o valor que entrega à sociedade. Os bancos, as bolsas de valores e outros integrantes desse vasto mecanismo são frequentemente vistos com desconfiança. Talvez falte clareza em como apresentam sua contribuição para a economia e para o bem-estar das pessoas. A complexidade e a opacidade das operações financeiras podem afastar o público, criando uma lacuna entre a percepção e a realidade.

O livro que vem a seguir é uma tentativa de explicar como todo esse sistema financeiro internacional conseguiu adquirir a atual dimensão e como, sem ele, nosso mundo seria um lugar bem diferente e, talvez, menos próspero. Compreender o funcionamento do sistema financeiro é essencial para apreciar o impacto positivo que ele tem em nossas vidas, mesmo que, muitas vezes, esse impacto seja invisível. Espero que esta leitura proporcione uma visão mais clara e informada sobre a importância desse sistema e ajude a construir uma compreensão mais profunda e equilibrada.

SEÇÃO I

AS RAÍZES DA ECONOMIA E DO SISTEMA FINANCEIRO

Código de Hamurabi: A Origem das Regras Financeiras e o Legado da Babilônia

Iniciar uma análise histórica sobre o desenvolvimento do sistema financeiro global nos remete inevitavelmente aos primeiros registros formais de práticas financeiras. Nesse sentido, o Código de Hamurabi, datado de aproximadamente 1754 a.C., se destaca como um marco fundamental na formalização das normas que regem as transações econômicas. Este conjunto de leis, descoberto em 1901 por uma expedição arqueológica francesa na antiga cidade de Susa, atual Irã, representa uma das primeiras tentativas de codificação abrangente das normas sociais e econômicas em uma sociedade altamente desenvolvida como a babilônica.

O Código de Hamurabi, gravado em uma estela de diorito com cerca de 2,25 metros de altura, hoje exposta no Museu do Louvre em Paris, contém 282 leis que abordam diversos aspectos da vida cotidiana, com uma ênfase notável nas regulamentações econômicas. Em um cenário onde a economia era majoritariamente agrária, as normas contidas nesse código visavam, sobretudo, garantir a estabilidade das transações financeiras, regulando aspectos essenciais como juros, empréstimos e garantias.

Entre as regulamentações econômicas, destacam-se as leis que regem os empréstimos e os juros. A Lei 48, por exemplo, reflete um entendimento avançado da necessidade de ajustar as obrigações financeiras de acordo com as condições econômicas: "Se alguém tiver um débito contraído em tempos de chuva, e não houver colheita de grãos por causa de enchente ou seca, nesse ano ele não deve devolver o grão ao credor; ele deve lavar sua tábua de débito e não pagar juros por aquele ano." Esta lei evidencia uma sofisticação na gestão de risco, ao prever a suspensão dos juros em anos de colheita ruim, protegendo os devedores das adversidades climáticas.

Adicionalmente, o Código de Hamurabi estabelecia limites claros para as taxas de juros, diferenciando-as conforme a natureza do empréstimo. A Lei 89 estipula que a taxa de juros para empréstimos em grãos seria de 20% ao ano, enquanto para empréstimos em dinheiro, a taxa seria de 33,3% ao ano. Tais regulamentações indicam não apenas a prevalência do crédito na economia babilônica, mas também uma clara percepção dos riscos envolvidos, refletidos nas elevadas taxas de juros aplicáveis aos empréstimos em dinheiro.

Outro aspecto relevante é a utilização de garantias pessoais para a concessão de crédito, como ilustrado pela Lei 117, que permitia que indivíduos endividados pudessem vender ou oferecer seus familiares como servos para quitar suas dívidas, com uma provisão para libertá-los após três anos de servidão. Esta regulamentação demonstra uma tentativa de equilibrar os interesses dos credores e a proteção dos devedores, assegurando que a servidão fosse temporária.

Portanto, o Código de Hamurabi não apenas estabeleceu as bases para um sistema financeiro organizado e funcional na Babilônia, mas também introduziu princípios que continuariam a influenciar a regulamentação financeira por milênios. A regulamentação dos juros, a proteção contra riscos econômicos e o uso de garantias pessoais são temas recorrentes nas leis econômicas modernas, refletindo a longevidade e a importância do legado babilônico no desenvolvimento das finanças.

A Moral do Dinheiro: Aristóteles e a Controvérsia dos Juros

Com o passar dos séculos, a abordagem babilônica em relação aos juros encontrou uma nova perspectiva na filosofia grega, particularmente nas críticas de Aristóteles. A transição da Babilônia para a Grécia Antiga trouxe consigo uma mudança significativa na percepção dos juros, que Aristóteles considerava não apenas economicamente impróprios, mas também eticamente questionáveis.

Nascido em Estagira, em 384 a.C., Aristóteles foi um dos maiores filósofos da história, com influências que se estendem por diversas áreas do conhecimento, incluindo a ética econômica. Discípulo de Platão e tutor de Alexandre, o Grande, Aristóteles deixou um legado que abrange desde a metafísica até a biologia, mas é na sua obra "Política" que suas reflexões sobre economia se destacam.

Em "Política", Aristóteles argumenta que o dinheiro, em si, é estéril e, portanto, não deveria gerar lucro simplesmente por existir. Ele acreditava que o propósito do dinheiro era facilitar as trocas comerciais e não ser utilizado como um meio de gerar mais dinheiro sem um trabalho produtivo subjacente. Para ele, a prática de cobrar juros era uma forma de exploração, pois permitia que o credor se apropriasse do fruto do trabalho do devedor sem produzir nada em troca. Aristóteles sustentava que a riqueza deveria ser gerada através da produção e do comércio justo, e não pelo acúmulo de capital a partir do empréstimo de dinheiro. Esta visão crítica sobre os juros se fundamentava na crença de que as transações financeiras deveriam refletir a justiça e a equidade, princípios fundamentais para a harmonia social.

Apesar da crítica aristotélica, a prática de cobrar juros continuou a evoluir, impulsionada pelas necessidades econômicas das civilizações que se seguiram. No entanto, o impacto das ideias de Aristóteles ressoou através dos séculos, influenciando não apenas o pensamento filosófico e teológico, mas também as regulamentações econômicas em várias culturas.

Juízo e Juro: A Influência das Religiões na Prática Financeira

As visões sobre os juros não ficaram restritas à filosofia, mas também foram profundamente influenciadas pelas tradições religiosas, que desempenharam um papel crucial na modelagem das práticas financeiras ao longo da história. No cristianismo, judaísmo e islamismo, a questão da usura, ou a cobrança de juros excessivos, foi objeto de intensa discussão e regulamentação.

No cristianismo, as escrituras bíblicas condenavam a usura, especialmente em transações entre membros da mesma comunidade. A Igreja Católica Medieval adotou uma postura rígida contra a cobrança de juros, com base na interpretação dos ensinamentos de Santo Agostinho e São Tomás de Aquino, que viam os juros como moralmente repreensíveis. Esta proibição teve impactos significativos na economia europeia, limitando o acesso ao crédito e restringindo o crescimento econômico.

Já no judaísmo, as proibições contra a usura eram mais flexíveis, aplicando-se apenas a transações entre judeus. Essa distinção permitiu que os judeus desempenhassem um papel importante na economia medieval, especialmente em áreas onde o crédito era escasso devido às restrições impostas pela Igreja. No entanto, essa flexibilidade também levou à formação de estereótipos, como o de Shylock, o judeu imortalizado por Shakespeare em "O Mercador de Veneza". A figura de Shylock personifica as tensões religiosas e culturais em torno da usura, retratando os judeus como gananciosos e implacáveis, um estereótipo que, lamentavelmente, persistiu ao longo dos séculos.

No islamismo, a proibição da usura é ainda mais rigorosa, com o Alcorão condenando claramente o riba, ou seja, a cobrança de juros. Este preceito levou ao desenvolvimento de sistemas financeiros alternativos, como o sistema bancário islâmico, que busca evitar a cobrança de juros através de parcerias e compartilhamento de lucros.

Assim, enquanto as tradições religiosas moldaram a visão ética sobre os juros, a prática financeira continuou a se adaptar às necessidades econômicas em constante evolução. Hoje, os juros são uma ferramenta essencial para a alocação de recursos, gestão de riscos e promoção do crescimento econômico, mas as questões éticas e religiosas ainda permeiam as discussões sobre sua aplicação justa e equilibrada.

Essas práticas financeiras, ao longo do tempo, encontraram novos desdobramentos em diferentes contextos históricos. À medida que as necessidades econômicas e as realidades políticas evoluíram, surgiram instituições que buscaram conciliar as demandas do comércio com os princípios religiosos e éticos. É nesse cenário que entram os Cavaleiros Templários, cujo papel como banqueiros da Idade Média será explorado no próximo capítulo. Os Templários, com sua rede de fortificações e influência religiosa, criaram um sistema financeiro que, embora diferente, ecoava as preocupações e desafios enfrentados pelas civilizações anteriores.

Cavaleiros e Cifrões: A Revolução Financeira dos Templários na Idade Média

Ao refletir sobre a Idade Média, fica evidente como as transformações econômicas e as interações entre o Ocidente e o Oriente moldaram o mundo de maneiras que ainda buscamos compreender plenamente. A Europa medieval era um mosaico de feudos e castelos, com uma economia predominantemente agrária. A terra era o ativo mais precioso, e a vida girava em torno do sistema feudal, onde os nobres controlavam grandes extensões de terra e os camponeses cultivavam essas terras em troca de proteção e uma parte da produção.

Com o tempo, o cenário europeu começou a mudar com o surgimento das rotas comerciais que conectavam o Ocidente ao Oriente. O Oriente, com suas especiarias, sedas e outros produtos valiosos, passou a ser o centro de uma economia em expansão. A Rota da Seda e outras rotas comerciais ligavam a Europa aos mercados do Oriente Médio e da Ásia, funcionando não apenas como vias de transporte para mercadorias, mas também como canais para a troca de novas ideias e riquezas.

O grande impulso para essa mudança veio com o surgimento das Cruzadas, uma série de expedições militares e religiosas que começaram no final do século XI. O desejo de recapturar Jerusalém e outras terras sagradas levou muitos a embarcar em jornadas perigosas para o Oriente. Mas havia mais do que apenas fervor religioso por trás dessas campanhas. O comércio floresceu com a necessidade de suprimentos e equipamentos para os cruzados, e isso trouxe novas oportunidades para aqueles que sabiam como explorar esse mercado emergente.

Foi nesse cenário vibrante e em mudança que a Ordem dos Templários surgiu. Fundada em 1119 por Hugues de Payens e seus companheiros, a ordem começou como um pequeno grupo de cavaleiros dedicados a proteger os peregrinos que viajavam para a Terra Santa. A sede da ordem estava localizada no local do Templo de Salomão em Jerusalém, e essa localização emblemática deu à ordem seu nome.

Os Templários não eram apenas guerreiros; eles eram também pioneiros no campo financeiro. A ordem desenvolveu um sistema bancário e financeiro bastante avançado para a época. A gestão das finanças era uma parte crucial do seu funcionamento. Eles começaram oferecendo serviços bancários que incluíam depósitos e transferências de dinheiro. Isso significava que um nobre ou um peregrino poderia depositar dinheiro em uma das suas casas na Europa e, ao chegar à Terra Santa, ou durante o caminho até lá, poderia retirar os fundos necessários com um recibo.

Além disso, os Templários se especializavam em conceder empréstimos. Se um rei ou um nobre precisava de dinheiro para financiar uma cruzada ou outras empreitadas, eles poderiam recorrer aos Templários. Esses empréstimos eram frequentemente garantidos com propriedades e tinham comissões associadas, o que permitia à ordem gerar receita substancial.

Os Templários também eram conhecidos por administrar vastas propriedades e terras. Essas propriedades não só geravam renda, mas também contribuíam para o financiamento das Cruzadas e para o sustento da ordem. Eles mantinham uma rede complexa de postos avançados e fortalezas, o que facilitava a gestão de seus ativos e o transporte de bens e dinheiro.

A forma como os Templários eram remunerados também era inovadora. Seus lucros vinham de várias fontes: doações, rendimentos de propriedades, e taxas pelos serviços financeiros prestados. Essa diversificação de fontes de receita contribuiu para sua enorme riqueza e influência.

A relação com a França foi particularmente significativa. O rei Filipe IV da França, endividado com a ordem e desejando se apoderar de suas riquezas e propriedades, viu uma oportunidade de eliminar a ordem e recuperar dinheiro. Em 13 de outubro de 1307, Filipe IV ordenou a prisão em massa dos templários na França. Muitos foram torturados e forçados a confessar crimes que supostamente haviam cometido. Esse evento foi um golpe mortal para a ordem, que estava enfraquecida pelas derrotas militares e pela perda de seus territórios na Terra Santa.

A partir de então, a ordem foi formalmente dissolvida em 1312 pelo Papa Clemente V no Concílio de Vienne, sob pressão de Filipe IV. Os templários restantes foram absorvidos por outras ordens, suas propriedades foram confiscadas e muitos dos membros foram executados ou exilados.

O legado dos Templários, no entanto, continuou a influenciar a história. Sua prática financeira avançada, seus métodos de crédito e a gestão de grandes propriedades deixaram uma marca duradoura na evolução do sistema bancário europeu. E mesmo hoje, o mistério e o fascínio em torno da Ordem dos Templários continuam a capturar a imaginação de muitos.

Assim, olhando para trás, vejo como os Templários não foram apenas cavaleiros e defensores da fé, mas também pioneiros na interseção de finanças e guerra, deixando um legado complexo e fascinante que ainda ecoa através da história.

Do Ábaco à Banca: O Impacto de Fibonacci na Evolução do Sistema Financeiro

À MEDIDA QUE OS Templários revolucionavam o sistema financeiro da Idade Média com inovações que formariam a base do moderno conceito de banco, outro grande inovador estava prestes a transformar o pensamento matemático e econômico em um contexto distinto. Em Pisa, na Itália, Leonardo de Pisa, mais conhecido como Fibonacci, daria início a uma jornada que deixaria um impacto duradouro tanto na matemática quanto nas finanças.

Fibonacci, nascido por volta de 1170, era filho de Guglielmo Bonacci, um comerciante que atuava na alfândega de Bugia, uma cidade portuária no norte da África. Foi nesse ambiente que o jovem Leonardo teve seu primeiro contato com a matemática, aprendendo sob a orientação de mestres árabes. O cenário vibrante dos portos mediterrâneos, repletos de mercadores de diversas culturas, proporcionou a Fibonacci não apenas uma educação em matemática, mas também uma exposição a um sistema numérico muito mais eficiente do que os numerais romanos usados na Europa.

Durante suas viagens ao lado de seu pai, Fibonacci percorreu o Mediterrâneo, visitando regiões como Egito, Síria, Grécia e Sicília. Nessas jornadas, ele aprofundou seu conhecimento em matemática e reconheceu a superioridade dos algarismos indo-arábicos em comparação com o sistema romano. Esse insight o levaria a promover uma verdadeira revolução na matemática europeia.

Em 1202, de volta a Pisa, Fibonacci publicou seu trabalho mais influente, o *Liber Abaci* (O Livro do Ábaco). Esse tratado não era apenas um manual aritmético, mas uma obra que transformaria o pensamento matemático na

Europa. O *Liber Abaci* introduziu os algarismos indo-arábicos e o sistema decimal, explicando detalhadamente como realizar operações básicas como adição, subtração, multiplicação e divisão, além de problemas mais complexos envolvendo frações, raízes quadradas e séries.

O impacto do *Liber Abaci* foi profundo. Fibonacci demonstrou como o novo sistema numérico era mais eficiente e indispensável para o comércio e a contabilidade. Por exemplo, operações essenciais para as finanças, como o cálculo de juros compostos, tornaram-se viáveis com os algarismos indo-arábicos. Os banqueiros da Toscana, sempre em busca de métodos que otimizassem suas transações, adotaram rapidamente essas inovações. A agilidade proporcionada por esse sistema permitiu que a banca toscana simplificasse e expandisse suas operações, fortalecendo sua posição no mercado financeiro.

Entre as contribuições matemáticas mais notáveis do *Liber Abaci* está a sequência numérica que hoje conhecemos como a "sequência de Fibonacci". Nessa sequência, cada número é a soma dos dois anteriores. Um dos aspectos mais fascinantes dessa sequência é sua recorrência na natureza. Por exemplo, podemos observar a sequência na disposição das folhas em um caule, onde cada folha se organiza de forma a maximizar a exposição ao sol; nas pétalas de uma flor, onde o número de pétalas geralmente corresponde a um número da sequência de Fibonacci; e até na estrutura das conchas e na formação de galáxias espirais. Esses padrões naturais exemplificam a ordem e a harmonia intrínsecas ao mundo natural, reveladas através da matemática.

Além de suas aplicações na natureza, a sequência de Fibonacci encontrou relevância na análise gráfica financeira. Os níveis de retração de Fibonacci, derivados dessa sequência, são utilizados para prever movimentos de preços no mercado, identificando potenciais linhas de suporte e resistência. Essas proporções matemáticas, enraizadas em um conceito antigo, continuam a influenciar as práticas financeiras modernas.

Mas, voltando aos algarismos arábicos, os banqueiros da Toscana, pioneiros na adoção desses novos métodos, foram capazes de realizar transações mais complexas e precisas, desde câmbio até a contabilidade detalhada de créditos e débitos. Essa inovação numérica foi fundamental para o crescimento e a sofisticação do sistema bancário toscano, que posteriormente influenciaria o sistema financeiro europeu como um todo.

Com o crescimento dos bancos, a Toscana, especialmente Florença, consolidou-se como um dos principais centros financeiros da época. Situada em uma encruzilhada de rotas comerciais e culturais, a região floresceu como um caldeirão de ideias e inovações. Os banqueiros florentinos, conhecidos por sua habilidade em adotar novas tecnologias e métodos, foram responsáveis por transformar a forma como as finanças eram conduzidas.

Florença, com suas instituições financeiras avançadas, desempenhou um papel crucial na modelagem do sistema bancário que conhecemos hoje. A família Medici, uma das mais poderosas e influentes famílias bancárias, adotou os algarismos arábicos juntamente com o sistema de contabilidade em partidas dobradas, revolucionando a administração financeira e promovendo o crescimento econômico da região.

No próximo capítulo, exploraremos como o sistema bancário da Toscana evoluiu e desempenhou um papel vital na formação dos primeiros bancos europeus.

SEÇÃO II

O DESENVOLVIMENTO DOS BANCOS E DO MERCADO FINANCEIRO

De Cúpulas a Cálculos: A Evolução Financeira e Cultural de Florença

No contexto da transformação financeira que começamos a explorar, Florença surge como um dos epicentros dessa evolução. Esta cidade, com suas cúpulas imponentes e ruas de pedra, foi um verdadeiro berço do Renascimento, não apenas como um centro cultural e artístico, mas também como um catalisador significativo na evolução das finanças. A localização estratégica de Florença, situada no coração da Toscana e ao longo do rio Arno, facilitava o transporte de mercadorias e a confluência de ideias e comércio entre Roma e o norte da Europa.

A cidade aproveitou sua posição geográfica para se tornar um vibrante centro comercial, com mercados efervescentes e uma crescente população de mercadores e artesãos. Mais do que sua localização, foi o espírito inovador e o dinamismo econômico que definiram Florença. Durante a Idade Média, a cidade começou a se destacar com uma série de inovações financeiras, incluindo a adoção dos algarismos arábicos pelos bancos toscanos, que ajudaram a simplificar e aprimorar as operações financeiras. Conforme já abordamos, essa revolução numérica permitiu a realização de transações mais complexas e precisas e impulsionou o crescimento bancário na região.

Entretanto, as contribuições da cidade foram além das finanças. Entre as grandes figuras que marcaram Florença, Dante Alighieri é uma das mais destacadas. Conhecido por sua obra-prima "A Divina Comédia", Dante não apenas elevou a língua italiana a um nível literário sem precedentes, mas também capturou a complexidade da condição humana e da sociedade de seu tempo. Suas obras refletem o pensamento florentino, uma mistura de profundo intelectualismo e vivacidade.

Mais tarde, Galileu Galilei, o pai da ciência moderna, fez de Florença sua casa. Sua contribuição para a física e a astronomia mudou a forma como entendemos o universo. Galileu foi apoiado pela poderosa família Medici, cujos membros eram patronos da ciência e das artes. É impressionante pensar que a cidade que abrigou os primeiros passos do Renascimento artístico também foi o berço de revoluções científicas que moldaram o mundo moderno.

Nicolau de Maquiavel, outro gigante florentino, ofereceu ao mundo uma visão nua e crua da política através de sua obra "O Príncipe". Suas ideias sobre poder e governança influenciam até hoje a ciência política. Maquiavel foi um produto do ambiente político tumultuado de Florença, um observador astuto das intrigas e jogos de poder que caracterizavam a vida pública da cidade.

Não se pode falar de Florença sem mencionar seus grandes artistas. Giotto, com suas inovações na pintura, trouxe uma nova dimensão de realismo e emoção à arte. Michelangelo e Leonardo da Vinci, cujas obras-primas continuam a fascinar o mundo, redefiniram o que era possível na escultura e na pintura. Rafael, embora não tenha nascido em Florença, foi profundamente influenciado pelo ambiente artístico da cidade.

Filippo Brunelleschi, com sua cúpula da Catedral de Santa Maria del Fiore, revolucionou a arquitetura e a engenharia. Brunelleschi, com sua genialidade técnica, demonstrou o potencial ilimitado da inovação humana. Cada uma dessas figuras deixou uma marca indelével em Florença, transformando-a no epicentro da criatividade e do intelecto.

Enquanto a cidade prosperava culturalmente, seu sistema financeiro também se desenvolvia. Aqui entra a contribuição crucial de figuras como Fibonacci e Luca Pacioli. Como já foi comentado, Fibonacci, em seu *Liber Abaci*, introduziu os algarismos arábicos na Europa, revolucionando a matemática e facilitando cálculos complexos. Este avanço foi fundamental para o comércio e a contabilidade, pilares da economia florentina.

Luca Pacioli, por outro lado, é frequentemente chamado de pai da contabilidade moderna. Seu trabalho *Summa de Arithmetica, Geometria, Proportioni et Proportionalita* incluiu a primeira descrição sistemática da contabilidade por partidas dobradas, um sistema que se tornou essencial para os negócios e os bancos. A capacidade de manter registros precisos e balanceados permitiu que as operações financeiras se tornassem mais complexas e eficientes.

Os bancos florentinos foram pioneiros em várias inovações financeiras. Eles começaram a emprestar não apenas seu próprio capital, mas também os depósitos de seus clientes. Isso permitiu a alavancagem financeira, expandindo significativamente o alcance e o impacto das operações bancárias. No entanto, essa prática também trouxe novos desafios, como a necessidade de gerenciar riscos de liquidez e de crédito de maneira mais rigorosa.

A expansão das atividades bancárias em Florença enfrentou obstáculos significativos devido à lei da usura, que proibia estritamente a cobrança de juros sobre empréstimos. Como já vimos, esta lei, enraizada nos princípios morais e religiosos da época, considerava a usura um pecado grave, condenando qualquer ganho derivado do empréstimo de dinheiro. Para os banqueiros florentinos, que estavam em pleno desenvolvimento de um sistema financeiro cada vez mais complexo e interconectado, essa proibição representava um desafio enorme. A impossibilidade de cobrar juros dificultava a compensação adequada pelo risco assumido ao emprestar dinheiro, limitando o crescimento potencial das atividades bancárias.

Para contornar essa restrição, os banqueiros florentinos começaram a desenvolver formas alternativas de remuneração. Entre as mais comuns estavam as taxas de câmbio e as comissões sobre transações financeiras. Em vez de cobrar diretamente pelo uso do capital, os bancos obtinham lucros através de serviços de câmbio de moeda, onde aplicavam taxas que efetivamente funcionavam como uma forma de juros disfarçados. Adicionalmente, cobravam comissões pela intermediação de negócios e pela facilitação de transações comerciais, tanto locais quanto internacionais. Essas práticas inovadoras permitiram aos banqueiros manter a lucratividade e continuar operando em um ambiente altamente restritivo.

No entanto, essas alternativas não eram isentas de desafios. A necessidade de contornar a lei da usura aumentou significativamente os custos de controle das operações bancárias. Cada transação envolvia cálculos meticulosos para assegurar que as taxas e comissões não fossem interpretadas como usura, exigindo uma contabilidade complexa e detalhada. Isso demandava um nível elevado de sofisticação e conhecimento técnico por parte dos banqueiros e seus funcionários. Além disso, a diversidade de métodos de remuneração introduzia uma camada adicional de complexidade nas operações diárias, dificultando a padronização e aumentando o risco de erros e mal-entendidos.

Além da complexidade operacional, essas práticas alternativas também implicavam em um aumento do risco. Sem a clareza e a simplicidade de uma taxa de juros fixa, os banqueiros tinham que avaliar continuamente o valor das taxas de câmbio e das comissões em um mercado volátil e em constante mudança. Isso exigia uma vigilância constante e uma habilidade aguçada para prever flutuações econômicas e monetárias. A capacidade de gerenciar esses riscos tornou-se essencial para a sobrevivência e o sucesso dos bancos florentinos, que precisavam equilibrar a necessidade de lucro com a conformidade às restrições legais e morais da época.

Desde o início, os Medici estavam cientes das limitações impostas pela lei da usura e do impacto negativo que essa proibição tinha sobre o crescimento econômico e a viabilidade dos negócios bancários. Determinados a encontrar uma solução, os Medici começaram a trabalhar discretamente para mudar a percepção pública e a legislação em torno da cobrança de juros.

Para alcançar seu objetivo, os Medici adotaram uma abordagem multifacetada. Eles patrocinaram e financiaram intelectuais e teólogos que argumentavam a favor da necessidade de revisitar as interpretações tradicionais da usura. Em suas obras e pregações, esses acadêmicos sugeriam que, em um contexto comercial complexo e em constante evolução, certas formas de juros poderiam ser justificadas como uma compensação justa pelo risco e pelo serviço prestado. Ao promover essas ideias progressistas, os Medici começaram a alterar gradualmente a opinião pública e a preparar o terreno para mudanças legais mais formais.

O apoio do Papa Leão X foi decisivo nesse processo. Giovanni di Lorenzo de' Medici, que se tornaria o Papa Leão X, era membro da família Medici e tinha um interesse direto no sucesso das suas operações bancárias. Como Papa, ele possuía a autoridade moral e legal para reinterpretar os ensinamentos da Igreja sobre a usura. Leão X emitiu uma bula papal que flexibilizava a aplicação das leis contra a usura, permitindo que certas formas de juros fossem cobradas, desde que fossem consideradas justas e proporcionais. Essa intervenção papal não só legitimou a cobrança de juros, mas também forneceu uma base teológica que justificava essas práticas em termos morais e éticos.

Com essa nova interpretação, Florença conseguiu flexibilizar as restrições contra a cobrança de juros, facilitando significativamente a expansão das atividades bancárias. Os bancos florentinos puderam, então, operar de maneira mais eficiente e rentável, oferecendo uma gama mais ampla de serviços financeiros. A capacidade de cobrar juros permitiu que os bancos gerissem melhor os riscos e aumentassem seu capital disponível para empréstimos e investimentos. Como resultado, a economia florentina experimentou um período de crescimento acelerado, consolidando ainda mais a posição de Florença como um dos principais centros financeiros da Europa. A influência dos Medici, portanto, não só transformou o sistema bancário local, mas também teve um impacto duradouro em toda a estrutura financeira da era moderna.

Entretanto, o Banco Medici, que dominou o cenário financeiro europeu durante grande parte do século XV, começou a perder importância e eventualmente desapareceu devido a uma combinação de má gestão, decisões financeiras imprudentes e instabilidade política. À medida que a geração fundadora, liderada por Cosimo de' Medici, deu lugar a sucessores menos competentes, o banco começou a enfrentar dificuldades. Decisões de investimento arriscadas, como grandes empréstimos a monarcas que não conseguiam pagar suas dívidas, enfraqueceram a estabilidade financeira do banco. Além disso, as constantes disputas políticas em Florença e as mudanças no cenário econômico europeu contribuíram para a deterioração das operações bancárias dos Medici. O acúmulo de más dívidas, junto com a perda de confiança entre os depositantes e parceiros comerciais, culminou no colapso do banco em 1494, marcando o fim de uma era de domínio financeiro dos Medici.

Embora o Banco Medici seja o mais famoso, outras instituições bancárias também desempenharam papéis importantes na história econômica e financeira da Europa. Os bancos das famílias Bardi e Peruzzi foram pioneiros no financiamento do comércio internacional durante os séculos XIII e XIV. Estas famílias utilizavam suas redes extensivas de contatos comerciais para oferecer crédito a reis, nobres e comerciantes em toda a Europa. Os Bardi e os Peruzzi não apenas facilitavam transações comerciais, mas também financiavam expedições e empreendimentos militares. Um exemplo notável foi o financiamento do rei Eduardo III da Inglaterra durante a Guerra dos Cem Anos. Eduardo III tomou enormes empréstimos dos bancos Bardi e Peruzzi para financiar suas campanhas militares contra a França. No entanto, quando Eduardo III foi incapaz de pagar suas dívidas, isso resultou em uma crise financeira que levou ao colapso desses bancos no século XIV. Esse episódio destacou os perigos inerentes ao financiamento de operações de alto risco e a vulnerabilidade das instituições financeiras às falhas de crédito.

Outro banco de destaque foi o Banco Casa de San Giorgio, fundado em Gênova em 1407. Este banco é frequentemente considerado um dos primeiros bancos públicos do mundo. A Casa de San Giorgio desempenhou um papel crucial na administração das finanças do estado genovês, gerindo a dívida pública e financiando as operações governamentais. O banco também inovou na emissão de letras de câmbio, que facilitavam as transações comerciais e financeiras em uma época em que o transporte de grandes quantias de dinheiro físico era arriscado e impraticável. A Casa de San Giorgio demonstrou a viabilidade e a importância de um banco público bem administrado, servindo como modelo para futuras instituições financeiras estatais.

O Monte dei Paschi di Siena, fundado em 1472, é um exemplo significativo de inovação bancária e é considerado o banco mais antigo do mundo ainda em funcionamento. Estabelecido inicialmente como um monte de piedade – uma instituição destinada a fornecer empréstimos garantidos por penhores a juros baixos para ajudar os pobres – o Monte dei Paschi di Siena evoluiu para se tornar um dos principais bancos comerciais da Europa. Este banco introduziu práticas bancárias inovadoras, como a emissão de depósitos à vista e a criação de redes de correspondentes bancários que facilitavam as transações em diferentes regiões. A longevidade do Monte dei Paschi di Siena, que ainda opera hoje, é um testemunho da eficácia e resiliência de suas práticas bancárias.

Os bancos Bardi e Peruzzi, a Casa de San Giorgio e o Monte dei Paschi di Siena desempenharam papéis fundamentais na evolução do sistema bancário europeu. Eles não apenas facilitaram o comércio e a expansão econômica, mas também introduziram práticas e inovações financeiras que moldaram o desenvolvimento do sistema bancário moderno. Cada um desses bancos, com suas histórias únicas de sucesso e desafio, contribuiu para a formação de uma infraestrutura financeira que apoiou o crescimento do comércio e da economia europeia durante a o fim da Idade Média e o Renascimento. A história dessas instituições reflete a complexidade e a dinâmica do desenvolvimento financeiro, destacando tanto as oportunidades quanto os riscos associados à inovação bancária.

Com o tempo, no entanto, a importância financeira de Florença começou a diminuir. As crises econômicas, a instabilidade política e a concorrência de outros centros financeiros emergentes, como Veneza e Gênova, reduziram o papel dominante de Florença. Além disso, a descoberta do Novo Mundo e a mudança das rotas comerciais desviaram o fluxo de riqueza para outras regiões.

Ao final deste capítulo, deixo um pensamento sobre a contínua importância de Florença na história das finanças. Mais adiante, exploraremos como a cidade também foi fundamental para o surgimento do mercado de títulos municipais, uma inovação que teria repercussões duradouras em todo o mundo financeiro. Florença, com sua mistura única de geografia, cultura e inovação, continua a ser um símbolo de progresso e criatividade, lembrando-nos de que o conhecimento e a curiosidade são as chaves para transformar o mundo.

Centros Financeiros da Idade Média: Veneza, Gênova, Antuérpia e Barcelona

ALÉM DE FLORENÇA, VÁRIAS outras cidades europeias desempenharam papéis cruciais como centros financeiros globais entre os séculos XIII e XV. Cada uma dessas cidades possuía características únicas que as tornaram essenciais para o desenvolvimento do comércio e das finanças na Europa e além. Vamos explorar algumas dessas cidades e entender as razões de seu destaque em suas respectivas épocas.

Veneza foi uma potência comercial e financeira durante a Idade Média, com uma localização estratégica no Mediterrâneo e habilidades marítimas superiores. O sistema financeiro veneziano se destacava por suas inovações, como o uso de letras de câmbio para facilitar transações comerciais complexas e a criação de um mercado de dívida pública. A cidade operava um banco de comércio que gerenciava o fluxo de capital e garantia a estabilidade econômica. As práticas financeiras avançadas de Veneza, aliadas à sua poderosa frota e controle sobre rotas comerciais vitais, estabeleceram a cidade como um dos principais centros financeiros da Europa.

Gênova, uma rival significativa de Veneza, também desempenhou um papel central no Mediterrâneo. Conforme comentado, o Banco Casa de San Giorgio, um dos primeiros bancos públicos do mundo, foi fundamental na administração da dívida pública e no financiamento de operações governamentais. Gênova se destacou pela emissão de letras de câmbio, uma inovação que facilitava o comércio e a transferência de fundos entre fronteiras. Com uma marinha poderosa e uma extensa rede comercial, Gênova consolidou-se como um ponto estratégico no Mediterrâneo, fortalecendo sua posição como um centro financeiro e comercial vital.

Antuérpia, na atual Bélgica, emergiu como um importante centro financeiro no final do século XV. Beneficiada por seu porto movimentado e localização estratégica no comércio entre o norte e o sul da Europa, Antuérpia destacou-se pela criação de uma bolsa de valores. Esse mercado financeiro emergente facilitava a negociação de mercadorias e investimentos, refletindo o dinamismo de uma economia em crescimento. A importância de Antuérpia como centro financeiro cresceu rapidamente, tornando-se um dos núcleos financeiros mais influentes da época.

Barcelona também desempenhou um papel significativo como um importante porto mediterrâneo e ponto crucial para o comércio entre a Europa e o Oriente. A cidade desenvolveu um sistema bancário e de crédito avançado, apoiando transações comerciais complexas e facilitando o comércio. A influência da Coroa de Aragão ajudou a promover o crescimento econômico de Barcelona, solidificando seu papel como um centro financeiro essencial na região.

Cada uma dessas cidades contribuiu de maneira distinta para o desenvolvimento do sistema financeiro europeu. Veneza, com sua inovação financeira e domínio marítimo; Gênova, com seu banco público e práticas financeiras avançadas; Antuérpia, com seu mercado emergente e bolsa de valores; e Barcelona, com seu papel estratégico no comércio mediterrâneo. Juntas, essas cidades moldaram o cenário econômico da época e lançaram as bases para o sistema financeiro moderno.

A análise dessas cidades revela como suas histórias estão interligadas com as complexidades do comércio e das finanças. Elas não foram apenas centros comerciais; foram núcleos de inovação financeira, cujas práticas e instituições ajudaram a transformar a economia europeia e influenciar o desenvolvimento do sistema financeiro global.

A Ascensão dos Títulos Municipais: Fundamentos e Impactos da Inovação Financeira

Voltemos a Florença. No final do século XIV e início do século XV, a cidade, conhecida por sua rica tapeçaria cultural e artística, enfrentava desafios financeiros significativos. A necessidade de financiar projetos públicos e administrar a dívida municipal levou à introdução de uma prática que viria a influenciar profundamente o desenvolvimento do mercado financeiro: a emissão de títulos municipais.

Florença, sob o governo da República Florentina, estava em um período de crescimento acelerado, caracterizado por um dinamismo econômico e uma ambição de expansão. A cidade, com sua arquitetura icônica e seu papel central na vida cultural e política da época, experimentava um aumento na demanda por recursos financeiros para apoiar seu desenvolvimento contínuo. Projetos como a construção de pontes, estradas e importantes edifícios públicos requeriam grandes somas de dinheiro. Para enfrentar esses desafios, Florença procurou uma solução inovadora que permitisse arrecadar fundos sem recorrer exclusivamente à tributação direta ou ao empréstimo de recursos a taxas desfavoráveis.

Foi nesse contexto que a emissão de títulos municipais surgiu como uma prática financeira revolucionária. Estes títulos funcionavam como promissórias de dívida, oferecendo aos investidores a promessa de um retorno fixo em dinheiro com juros em uma data futura. Ao introduzir essa forma de arrecadação, Florença estabeleceu um método estruturado e eficiente para levantar fundos. A prática não só atendeu às necessidades financeiras imediatas da cidade, mas também marcou o início de um novo capítulo na história financeira da Europa.

O processo de emissão dos títulos envolvia a definição de valores e condições que fossem atraentes para os investidores. Os valores dos títulos variavam amplamente, desde algumas centenas até milhares de florins, a moeda da época. A taxa de juros oferecida nos títulos era competitiva, com o objetivo de tornar o investimento atraente para uma ampla gama de compradores e um mercado secundário líquido que ajustava a rentabilidade às condições de cada momento, trazia liquidez aos títulos. Os líderes florentinos compreendiam a importância de equilibrar o retorno oferecido com o risco percebido pelos investidores, e essa abordagem cuidadosa contribuiu para o sucesso da emissão de títulos.

Os investidores que adquiriram esses títulos incluíam uma combinação de banqueiros locais, mercadores influentes e membros da elite financeira da cidade. Os banqueiros florentinos, já experientes em comércio e finanças, estavam bem posicionados para investir em títulos municipais, vendo-os como uma oportunidade para diversificar seus investimentos e garantir rendimentos regulares. Mercadores que haviam acumulado riqueza substancial através de suas atividades comerciais também participaram ativamente, reconhecendo os títulos como uma forma lucrativa de aplicar seus recursos. Além disso, investidores privados e instituições financeiras interessadas em aplicar seus fundos de maneira segura e rentável se integraram ao mercado emergente.

Como já foi citado, os recursos obtidos através da emissão de títulos foram utilizados para uma ampla gama de propósitos essenciais para a cidade. Em primeiro lugar, os fundos ajudaram a financiar grandes projetos de infraestrutura, como a construção de pontes e estradas, bem como a manutenção e a melhoria de edifícios públicos. Esses investimentos foram fundamentais para o embelezamento e a modernização de Florença, ajudando a consolidar sua posição como um centro de poder e prestígio na Itália e na Europa. A Catedral de Florença, com sua imponente cúpula, é um exemplo icônico do impacto positivo dos investimentos realizados através dos títulos municipais.

Os títulos municipais também se revelaram essenciais durante períodos de guerra. O financiamento de campanhas militares e a cobertura dos custos associados a conflitos exigiam grandes somas de dinheiro. As cidades-estado, como Florença, enfrentavam a necessidade urgente de recursos para sustentar suas tropas, manter fortificações e fornecer suprimentos. A emissão de títulos ofereceu uma solução prática para arrecadar os fundos necessários de forma rápida e eficiente.

Além de financiar projetos de infraestrutura e guerras, os títulos municipais desempenharam um papel crucial na administração da dívida da cidade. Em um período em que a gestão financeira era complexa e muitas vezes desafiadora, a capacidade de levantar fundos por meio de títulos proporcionou a Florença uma ferramenta valiosa para manter a estabilidade financeira. Essa prática permitiu à cidade lidar com déficits orçamentários e gerenciar a dívida de maneira mais eficaz, estabelecendo um modelo que influenciaria o desenvolvimento dos mercados de dívida pública em toda a Europa.

Assim, ao considerar a evolução do mercado e a administração da dívida pública, é crucial reconhecer o papel pioneiro de Florença. A cidade não apenas enfrentou desafios financeiros com criatividade e inovação, mas também estabeleceu precedentes que moldaram o cenário econômico europeu. O mercado de títulos municipais de Florença é um testemunho da capacidade da cidade de transformar adversidades em oportunidades e de deixar uma marca duradoura na história financeira mundial. A influência de Florença, com sua abordagem inovadora e suas práticas financeiras avançadas, continua a ser uma referência importante no estudo da evolução do sistema financeiro moderno.

Amsterdã: Pioneirismo Financeiro, a Bolsa de Valores e a Mania das Tulipas

Assim como Florença se destacou como um centro financeiro inovador na Itália, Amsterdã emergiu no século XVII como um vibrante epicentro financeiro global. Enquanto Florença foi pioneira na emissão de títulos municipais e na administração da dívida pública, Amsterdã fez contribuições significativas ao desenvolvimento do mercado de ações e à evolução do capitalismo moderno.

A Companhia Holandesa das Índias Orientais, ou VOC (Vereenigde Oost-Indische Compagnie), foi, sem dúvida, a pedra angular do sucesso econômico de Amsterdã no século XVII. Fundada em 1602 por um decreto das Províncias Unidas, a VOC não foi apenas uma empresa; foi uma verdadeira instituição global. Sua criação marcou o início de um novo paradigma econômico, que estabeleceu as bases para o moderno capitalismo global.

As Províncias Unidas, ou República das Províncias Unidas dos Países Baixos, foi uma união de sete províncias que se rebelaram contra o domínio espanhol durante a Guerra dos Oitenta Anos (1568-1648). Esta confederação, que eventualmente se tornou independente, era conhecida por sua relativa autonomia e foco no comércio e na navegação, o que facilitou o surgimento de Amsterdã como um próspero centro financeiro.

A VOC foi organizada como uma corporação multinacional com capital de risco, que era financiada por ações. Em vez de um único investidor bancar as operações, a VOC emitia ações que eram compradas por milhares de investidores. Esse modelo não apenas diversificou o risco, mas também permitiu a expansão de suas operações ao redor do mundo.

Durante o auge de suas operações, a VOC controlava o comércio de especiarias, porcelanas, seda e outros bens preciosos do Oriente. Seu sucesso foi monumental. Em 1637, por exemplo, a VOC tinha um valor estimado de aproximadamente 78 milhões de guilders. Para colocar isso em perspectiva moderna, ajustando para a inflação e o valor relativo da moeda, esse montante seria equivalente a cerca de 8 bilhões de euros atuais. Esse valor é impressionante não só pela magnitude, mas também porque a VOC conseguiu gerar lucros contínuos ao longo de sua existência.

A VOC estabeleceu postos de comércio em todo o Sudeste Asiático, incluindo a atual Indonésia, Índia e Japão. Sua influência econômica era tão significativa que suas operações impactavam diretamente os mercados e as economias das regiões com as quais interagia.

À medida que a VOC prosperava, Amsterdã vivia um período de enriquecimento sem precedentes. O comércio global e a atividade financeira contribuíram para uma rápida expansão econômica. A cidade se transformou em um próspero centro de comércio e finanças, com uma infraestrutura urbana que refletia a riqueza de seus habitantes.

O crescimento econômico teve um impacto profundo na vida cultural de Amsterdã. Artistas e intelectuais atraídos pela cidade contribuíram para um florescimento cultural que seria conhecido como a Era de Ouro Holandesa. A liberdade política e religiosa, em comparação com outras partes da Europa, permitiu que o talento artístico florescesse sem as restrições impostas por instituições como a Igreja.

A cidade tornou-se o lar de alguns dos maiores mestres da pintura da história. Rembrandt van Rijn, com suas profundas e dramáticas representações da vida cotidiana e do drama humano, criou obras que capturaram a complexidade da condição humana. Johannes Vermeer, conhecido por sua habilidade em representar a luz e a intimidade da vida doméstica, produziu peças como "A Moça com Brinco de Pérola". Frans Hals destacou-se com seus retratos vibrantes e expressivos que capturaram a vitalidade da sociedade.

O patrocínio de colecionadores e comerciantes ricos não apenas incentivou esses artistas, mas também impulsionou o mercado de arte. O sucesso da arte holandesa durante este período é um reflexo da prosperidade econômica e do espírito inovador da cidade. Museus como o Rijksmuseum e o Mauritshuis guardam os legados desses mestres, que continuam a inspirar e a encantar o público até hoje.

Embora a Bolsa de Valores de Amsterdã, fundada em 1602, seja considerada a primeira bolsa de valores formal do mundo, não podemos ignorar a importância de mercados anteriores na Europa. A bolsa de Bruxelas, associada à família de banqueiros Bourso, estabelecida em 1531, é um exemplo notável de uma instituição financeira que antecedeu a bolsa de Amsterdã, mas no primeiro momento não negociava ações (como em Amsterdã), senão apenas moedas e títulos.

Amsterdã, no entanto, levou a inovação financeira a um novo nível. A Bolsa de Valores de Amsterdã não apenas estabeleceu um modelo para a negociação de ações, mas também introduziu práticas financeiras sofisticadas, como a negociação de futuros e opções. Esses instrumentos permitiram que os investidores comprassem e vendessem contratos para comprar bens a preços pré-determinados em datas futuras, ajudando a gerenciar riscos ou permitindo especular sobre os preços futuros. Essas inovações ajudaram a moldar a estrutura dos mercados financeiros modernos e estabeleceram Amsterdã como um pioneiro no desenvolvimento do capitalismo global.

A efervescência econômica de Amsterdã teve um impacto significativo em várias áreas, incluindo o mercado de tulipas. A mania das tulipas, que atingiu seu auge em 1637, é um exemplo clássico de como a especulação financeira e o entusiasmo desenfreado podem inflacionar os preços dos ativos além de seus valores reais. Durante esse período, os preços dos bulbos de tulipas chegaram a alturas absurdas, com alguns bulbos raros, como o *Semper Augustus*, sendo vendidos por 10.000 guilders. Ajustando para a inflação, esse valor é equivalente a cerca de 100.000 a 150.000 euros atuais.

O mercado de futuros de tulipas, que permitia a negociação de contratos para a compra de bulbos a preços futuros, foi um fator importante na especulação desenfreada. Esses contratos de futuros funcionavam de maneira semelhante aos instrumentos financeiros modernos, permitindo que os investidores especulassem sobre o preço das tulipas. A euforia e o efeito manada, onde os investidores seguem o comportamento dos outros sem considerar os riscos reais, foram evidentes durante esse período. O viés de otimismo, que leva os investidores a acreditar que os preços continuarão a subir indefinidamente, também contribuiu para a formação da bolha.

Quando o mercado de tulipas entrou em colapso em 1637, muitos investidores ficaram com contratos de futuros que não podiam ser honrados, resultando em grandes perdas e uma crise econômica local. Esse evento revelou a vulnerabilidade dos mercados especulativos e destacou a importância de uma análise cuidadosa dos fundamentos econômicos e dos riscos envolvidos. A mania das tulipas oferece lições valiosas sobre a psicologia dos investidores e os riscos associados à especulação, ajudando a moldar a compreensão moderna das bolhas financeiras.

Com o tempo, Amsterdã começou a perder sua posição de destaque no cenário financeiro global. A crescente concorrência de Londres, que emergiu como o novo epicentro financeiro global, juntamente com o declínio da VOC devido a crises financeiras e má gestão, enfraqueceu a posição de Amsterdã. As guerras napoleônicas e as mudanças políticas também desempenharam um papel significativo na diminuição da influência econômica da cidade. A Revolução Industrial trouxe novas dinâmicas econômicas e a ascensão de economias industriais, desviando o foco econômico para outras regiões mais adaptadas às novas realidades.

A história de Amsterdã e a mania das tulipas oferecem uma perspectiva valiosa sobre como o espírito especulativo e a euforia econômica podem impactar os mercados financeiros. A compreensão desses fenômenos é crucial para a gestão de riscos e a manutenção da estabilidade econômica em ambientes financeiros modernos. Os casos de bolhas especulativas e a excessiva liquidez, que frequentemente levam a especulação desenfreada, são comuns na história econômica, e as lições aprendidas ajudam a moldar uma abordagem mais prudente e informada no mundo dos investimentos.

Lloyd's de Londres: A Transformação de um Café em um Mercado de Seguros Global

Ao refletir sobre o papel crucial do Lloyd's de Londres no sistema financeiro global, precisamos nos voltar para um modesto café na Tower Street, Londres, no ano de 1688. O final do século XVII era uma época vibrante para Londres, que começava a emergir como um centro pulsante de comércio marítimo, superando a relevância de Amsterdã no mercado financeiro. Navios partiam em todas as direções, carregando mercadorias valiosas e aventureiros audaciosos, mas também enfrentando os perigos do mar, como tempestades, piratas e naufrágios. Foi nesse ambiente dinâmico que o Lloyd's de Londres começou a se formar.

Sentados em um canto desse café, podemos imaginar armadores, comerciantes e subscritores de seguros em discussões intensas sobre cargas, viagens e, acima de tudo, riscos. O proprietário do café, Edward Lloyd, percebeu a necessidade de um local onde essas mentes atentas pudessem se encontrar e trocar informações cruciais. Ele não oferecia apenas café; oferecia também informações valiosas sobre o movimento dos navios e suas cargas. Assim, quase por acaso, Edward Lloyd lançou as bases para o que viria a ser o mercado de seguros mais renomado do mundo.

Essa fundação não se deu apenas por acaso; refletia a crescente complexidade e necessidade de gestão de riscos no comércio marítimo da época. À medida que o mercado de seguros se desenvolveu, ele se tornou um pilar essencial para a estabilidade econômica e para a gestão de riscos globais, construindo um legado que ecoa até hoje no mercado financeiro moderno.

Os primeiros acordos de seguros eram simples, mas eficazes. Sentados nas mesas do café, os subscritores—conhecidos como "Names" —aceitavam partes do risco de uma viagem marítima em troca de um prêmio. Cada transação era registrada em um livro, com cada subscritor anotando sua participação no risco. Essa prática se mostrou extremamente eficaz e, em breve, o café de Edward Lloyd se tornou o centro neurálgico do comércio de seguros em Londres.

À medida que o café de Lloyd se tornava mais popular, o número de subscritores crescia. Com isso, a complexidade das transações também aumentava. Não era mais apenas uma questão de segurar cargas marítimas; os subscritores começaram a oferecer seguros para uma variedade maior de riscos. Incêndios, acidentes e outros infortúnios passaram a ser cobertos. O pequeno café estava se transformando em algo muito maior.

Com o tempo, o espaço no café de Edward Lloyd se tornou insuficiente para acomodar todos os subscritores e suas negociações. Em 1774, os subscritores se mudaram para a Royal Exchange, um local mais adequado para o crescente mercado de seguros. Essa mudança marcou o início de uma nova era para o Lloyd's de Londres. O mercado estava se formalizando, ganhando uma estrutura mais organizada e profissional.

No século XVIII, o Lloyd's de Londres já era uma instituição respeitada. A formalização veio em 1871, quando o Lloyd's foi oficialmente formalizado pelo Parlamento Britânico. Essa incorporação deu ao Lloyd's uma base legal sólida e permitiu que expandisse suas operações para além dos seguros marítimos.

Com o tempo, o Lloyd's se tornou sinônimo de inovação no setor de seguros. Sempre que surgia um novo risco, os subscritores do Lloyd's estavam prontos para encontrar uma solução. Foi assim que o Lloyd's começou a oferecer seguros para aviões, plataformas de petróleo e até mesmo obras de arte.

Hoje, o Lloyd's de Londres é um pilar do sistema financeiro global. Ele não é apenas um mercado de seguros; é um símbolo de estabilidade e confiança. A forma como o Lloyd's opera hoje é complexa, mas mantém a essência das origens no café de Edward Lloyd.

Atualmente o mercado funciona por meio de Syndicates, que são grupos de subscritores que assumem coletivamente o risco. Esses Syndicates são geridos por agências especializadas que garantem que cada risco seja cuidadosamente avaliado e precificado. Corretores de seguros trazem os riscos ao mercado, negociando com os Syndicates para encontrar a melhor cobertura para seus clientes.

O Lloyd's é conhecido por sua capacidade de subscrever riscos complexos e especializados. Seja um satélite em órbita, uma plataforma de petróleo no meio do oceano ou uma coleção de arte inestimável, os subscritores do Lloyd's estão prontos para avaliar e cobrir esses riscos. Essa especialização tornou o Lloyd's uma escolha preferida para seguradoras em todo o mundo que procuram coberturas inovadoras e abrangentes.

A importância do Lloyd's de Londres para o sistema financeiro global não pode ser subestimada. Ele proporciona uma forma de gerenciar riscos que permite que o comércio global prospere. Sem seguros, o custo e a incerteza de transportar mercadorias ao redor do mundo seriam proibitivos. Os seguros proporcionam a segurança necessária para que empresas e indivíduos invistam e se arrisquem.

Além disso, o Lloyd's de Londres desempenha um papel crucial na redistribuição de riscos. Ao permitir que muitos subscritores assumam partes de um risco, o Lloyd's reduz a probabilidade de grandes perdas catastróficas para qualquer indivíduo ou empresa. Isso não apenas protege os interesses financeiros dos segurados, mas também contribui para a estabilidade do sistema financeiro como um todo.

À medida que nos voltamos para o presente, não podemos deixar de admirar a jornada do Lloyd's de Londres. O que começou como um café humilde se transformou em um mercado de seguros globalmente reconhecido e respeitado. O Lloyd's é um testemunho do poder da inovação e da colaboração na gestão de riscos. Ele nos lembra que, mesmo nos tempos mais incertos, a engenhosidade humana pode encontrar maneiras de criar segurança e confiança.

E assim, enquanto o mundo continua a enfrentar novos desafios e riscos, o Lloyd's de Londres permanece um farol de estabilidade, pronto para enfrentar o futuro com a mesma coragem e determinação que mostraram seus primeiros subscritores nas mesas do café de Edward Lloyd.

Das Estrelas às Tábuas: Como Edmond Halley Transformou a Ciência Atuarial

Ao considerar o impacto duradouro do Lloyd's de Londres no mercado financeiro global, é crucial reconhecer as contribuições de figuras históricas como Edmond Halley. Embora Halley seja amplamente conhecido por suas descobertas astronômicas, seu papel pioneiro na ciência atuarial também foi fundamental. Ele desempenhou um papel essencial no desenvolvimento de métodos para a precificação de seguros de vida, rendas vitalícias (também conhecidas como *annuities* ou anuidades) e modelos de previdência.

Nascido em 1656, Halley demonstrou uma notável capacidade intelectual desde jovem, estudando no St Paul's School e no The Queen's College, Oxford. Sua primeira grande contribuição astronômica ocorreu quando, aos 22 anos, mapeou as estrelas do hemisfério sul na Ilha de Santa Helena, produzindo um catálogo de 341 estrelas e estabelecendo-se como um astrônomo de prestígio. Sua análise de cometas também é notável; em 1705, Halley previu que cometas observados em 1531, 1607 e 1682 eram o mesmo objeto retornando em intervalos regulares. Sua previsão do retorno do cometa em 1758 foi confirmada, e o cometa recebeu seu nome em sua homenagem.

Além de seus feitos astronômicos, Halley fez importantes contribuições para a meteorologia e a geofísica. Ele conduziu estudos pioneiros sobre a declinação magnética da Terra e publicou mapas que mostravam variações no campo magnético terrestre. Suas propostas sobre o núcleo de ferro da Terra e as mudanças no campo magnético foram confirmadas por pesquisas posteriores.

A contribuição mais duradoura de Halley, entretanto, foi na ciência atuarial. Em 1693, ele publicou um trabalho inovador contendo uma das primeiras tábuas de mortalidade baseadas em dados empíricos, utilizando registros de nascimentos e mortes em Breslau (atualmente Wrocław, Polônia). Este trabalho introduziu o uso de dados estatísticos para avaliar a expectativa de vida e calcular as probabilidades de morte, fundamentos essenciais para a ciência atuarial.

As tábuas de mortalidade de Halley permitiram um cálculo mais preciso dos prêmios de seguros de vida. Antes de Halley, os cálculos eram baseados em estimativas imprecisas, resultando em prêmios injustos. Sua abordagem forneceu uma base científica para esses cálculos, levando a prêmios mais justos e sustentáveis. Halley também aplicou esses dados para calcular o valor justo das anuidades vitalícias, essenciais para a determinação precisa dos pagamentos de anuidades, garantindo a viabilidade financeira das seguradoras.

A ciência atuarial, como desenvolvida por Halley e seus sucessores, desempenha um papel crucial na precificação de seguros de vida, anuidades e modelos de previdência. Atuários utilizam tábuas de mortalidade para calcular prêmios, assegurando que as seguradoras possam cobrir suas obrigações futuras. Esses cálculos, baseados em fatores como idade, sexo e histórico médico, permitem que os prêmios reflitam de forma justa o risco de morte.

Para as anuidades, a ciência atuarial determina o montante dos pagamentos com base na expectativa de vida dos beneficiários, assegurando que os pagamentos sejam sustentáveis enquanto o beneficiário estiver vivo. Atuários também gerenciam o risco de longevidade, garantindo a continuidade dos pagamentos conforme necessário.

A precificação de anuidades também foi central em um dos maiores escândalos financeiros da França no século XVIII. Em torno de 1780, a fraude conhecida como "as 30 donzelas de Genebra" envolveu a emissão e venda de anuidades pelo Tesouro francês, utilizando jovens saudáveis para garantir contratos a preços vantajosos. Especuladores e agentes do governo manipularam cálculos atuariais e sistemas de supervisão, inflacionando artificialmente o valor das anuidades.

Essa fraude destacou as vulnerabilidades na ciência atuarial da época e levou a reformas significativas na supervisão financeira e na verificação de anuidades.

Atualmente, mudanças demográficas, como o aumento da expectativa de vida e a diminuição das taxas de natalidade, estão pressionando os sistemas de previdência e mercados de seguros de vida. A ciência atuarial está adaptando-se para mitigar esses impactos, desenvolvendo novas estratégias para gerenciar o risco de longevidade e garantir a sustentabilidade financeira. Atuários utilizam modelos complexos e tecnologias avançadas, como big data e inteligência artificial, para aprimorar previsões e desenvolver produtos adequados às necessidades das populações envelhecidas.

A globalização também apresenta desafios e oportunidades para a ciência atuarial, exigindo uma compreensão mais profunda das variações demográficas e econômicas globais. Atuários agora operam em um ambiente internacional, onde a capacidade de adaptar modelos e gerenciar riscos globais é cada vez mais valorizada.

Uma curiosidade sobre Halley é a lenda de que ele teria previsto a data de sua própria morte. Embora essa história seja intrigante, não há evidências históricas confiáveis para essa previsão. Halley faleceu em 14 de janeiro de 1742, aos 85 anos, deixando um legado duradouro na ciência.

Essa lenda ressalta a interseção entre ciência e mito e como a ciência atuarial lida com incerteza e probabilidade. Atuários trabalham para quantificar essa incerteza e fornecer estimativas para decisões informadas.

Edmond Halley viveu em um período de rápida transformação científica e financeira. Seu impacto em ambos os campos demonstra sua genialidade e deixou um legado duradouro na avaliação de riscos e na ciência atuarial. Sua abordagem científica continua a influenciar o mercado financeiro global, fornecendo segurança e estabilidade.

À medida que avançamos para o início do século XVIII, exploraremos as bolhas financeiras como a Mississippi Company na França e a South Sea Company na Inglaterra. Esses eventos destacaram a importância da avaliação de riscos e da gestão financeira, e serão discutidos no próximo capítulo da nossa análise histórica financeira.

Bolhas da Mississippi e da South Sea: Lições da Especulação e do Colapso no Século XVIII

No início do século XVIII, a Europa vivia um período de grande efervescência econômica e financeira, caracterizado por uma especulação desenfreada e promessas de enriquecimento rápido. Em meio a esse frenesi, duas empresas emergiram como ícones da especulação do período: a Mississippi Company e a South Sea Company. Seus trajetos vertiginosos não apenas definiram uma era de exuberância irracional, mas também ofereceram lições duradouras para os mercados financeiros modernos.

Em 1717, John Law, um economista escocês, lançou uma proposta audaciosa para revitalizar a economia francesa. Law acreditava que a criação de uma moeda fiduciária e a exploração de grandes empreendimentos poderiam reerguer a França das suas dívidas. Com isso, fundou a Mississippi Company. A empresa recebeu concessões do governo francês para explorar e colonizar a vasta região da Louisiana, prometendo riquezas imensas. O governo francês, ansioso para resolver suas dificuldades financeiras, abraçou entusiasticamente a proposta de Law.

No mesmo período, a Grã-Bretanha enfrentava uma pesada dívida nacional e procurava maneiras de aliviá-la. Em 1711, foi criada a South Sea Company, com o objetivo de assumir parte da dívida pública britânica e explorar oportunidades comerciais na América do Sul. A empresa recebeu o apoio do governo britânico, que viu a companhia como uma solução para a dívida nacional e uma forma de estimular a economia.

O entusiasmo inicial com ambas as empresas foi avassalador. A Mississippi Company, com suas promessas de riqueza rápida, viu suas ações subirem de forma meteórica. Em 1719, os preços das ações atingiram níveis exorbitantes, alimentados por uma especulação desenfreada. No entanto, a realidade da Louisiana revelou-se bem diferente das expectativas. O terreno pantanoso, o clima hostil e a falta de infraestrutura adequada tornaram a exploração econômica muito mais difícil do que o prometido. A colonização da região se mostrou inviável, e em 1720, a bolha especulativa estourou, levando a uma crise financeira devastadora na França.

Da mesma forma, a South Sea Company começou a ver uma valorização impressionante nas suas ações, que subiram vertiginosamente em 1720. O entusiasmo especulativo estava baseado na crença de que o governo espanhol, que mantinha um monopólio comercial rigoroso sobre suas colônias na América do Sul, eventualmente permitiria que a empresa britânica participasse do comércio. No entanto, essa expectativa era infundada. A Espanha não tinha a intenção de romper o monopólio e abrir suas colônias para o comércio britânico, contrariando o boato que alimentava a especulação. A falta de oportunidades reais e o fracasso em garantir contratos comerciais promissores levaram a uma desvalorização dramática das ações da South Sea Company.

Em setembro de 1720, a bolha da South Sea Company estourou. Os preços das ações despencaram, resultando em um colapso financeiro que abalou profundamente a economia britânica. O entusiasmo inicial e a especulação exagerada deram lugar a uma dura realidade financeira. Entre os investidores que sofreram com o colapso estava Isaac Newton, o renomado matemático e físico. Newton, que inicialmente viu seu investimento crescer, perdeu uma quantidade significativa de dinheiro quando a bolha estourou. Sua experiência é frequentemente mencionada como um exemplo de como até os investidores mais informados podem ser vítimas de especulação e flutuações de mercado.

Os colapsos das bolhas da Mississippi Company e da South Sea Company oferecem lições valiosas para o mundo financeiro atual. Primeiro, a especulação desenfreada e as promessas exageradas são frequentemente centrais no surgimento de bolhas. Nos dias de hoje, a especulação ainda é uma força poderosa nos mercados financeiros, desde startups tecnológicas até criptomoedas. É essencial que os investidores mantenham um ceticismo saudável e realizem uma análise rigorosa antes de se comprometerem com investimentos que prometem retornos excepcionalmente altos sem fundamentos sólidos.

Além disso, os colapsos das bolhas ressaltam a importância das regulamentações para proteger os investidores e garantir a estabilidade financeira. O colapso da South Sea Company, em particular, levou a reformas e à implementação de regulamentações mais rígidas para prevenir práticas especulativas prejudiciais. Hoje, os reguladores precisam manter regras eficazes para proteger os investidores e evitar fraudes e abusos no mercado.

Outro aspecto crítico é a falta de diversificação, que foi um fator importante no colapso das bolhas. Muitos investidores concentraram suas economias em ações das empresas afetadas, resultando em perdas significativas quando a bolha estourou. A diversificação continua a ser uma estratégia fundamental para gerenciar riscos e proteger o capital. A avaliação adequada do risco e a compreensão dos fundamentos dos investimentos são essenciais para evitar perdas durante períodos de volatilidade.

A psicologia do investidor também desempenha um papel significativo na formação de bolhas. Comportamentos baseados em emoções e decisões impulsivas podem inflacionar expectativas e criar bolhas especulativas. Investidores devem estar cientes de suas emoções e tendências comportamentais, buscando uma abordagem disciplinada e informada para o investimento.

Por fim, a falta de transparência e má comunicação foram fatores que contribuíram para o colapso das bolhas. No mercado financeiro atual, a transparência e a divulgação adequada de informações são cruciais para manter a confiança dos investidores e garantir a integridade do mercado. Regulações modernas exigem maior transparência, mas a complexidade dos novos produtos financeiros requer vigilância constante para assegurar que os investidores tenham acesso às informações necessárias para tomar decisões informadas.

As bolhas da Mississippi Company e da South Sea Company servem como lembretes poderosos dos riscos associados à especulação desenfreada e das consequências devastadoras quando as expectativas inflacionadas não se concretizam. Ao refletirmos sobre esses eventos históricos, podemos obter insights valiosos para entender o surgimento de bolhas e adotar práticas de investimento mais prudentes e informadas. As lições aprendidas ajudam a moldar o mercado financeiro moderno e a proteger os investidores contra os perigos da especulação excessiva e da falta de transparência. Assim, enquanto navegamos pelas complexidades do mercado financeiro contemporâneo, a compreensão desses eventos históricos continua a ser uma ferramenta essencial para evitar os erros do passado.

O Surgimento do Tesouro dos EUA

No início dos anos 1780, enquanto os ecos da independência americana ainda ressoavam pelas colinas e vales recém-libertos, os Estados Unidos estavam em um estado de turbulência e reconstrução. A vitória na Revolução Americana trouxe um novo desafio: a construção de um governo funcional e uma economia estável a partir das cinzas do regime colonial britânico. Os fundadores estavam cientes de que a independência não era o fim, mas o começo de uma nova e complexa jornada. Entre os muitos desafios que enfrentaram, um dos mais cruciais foi a criação de uma estrutura financeira robusta. E assim, o Departamento do Tesouro dos Estados Unidos nasceu em 1789, como a âncora financeira que buscava estabilizar a jovem nação.

Quando o novo governo federal dos Estados Unidos tomou forma, George Washington, o primeiro presidente, nomeou Alexander Hamilton como o primeiro Secretário do Tesouro. Era um momento decisivo: a nação recém-formada estava atolada em dívidas da Revolução, e a economia estava em frangalhos. Hamilton, com sua visão aguçada e um plano ousado, enfrentou a tarefa monumental de criar um sistema financeiro funcional.

Hamilton não perdeu tempo. Logo no início de seu mandato, ele propôs um plano abrangente para estabilizar a economia. Ele sugeriu a criação de um banco nacional, que mais tarde se tornaria o Primeiro Banco dos Estados Unidos. Essa instituição tinha o objetivo de consolidar a dívida federal e fornecer um meio para o governo regular e expandir a moeda. Além disso, Hamilton implementou um sistema de impostos para gerar receitas e começou a emitir títulos do governo para atrair investidores e garantir o crédito do novo país. O plano de Hamilton foi uma revolução em termos de finanças públicas e ajudou a estabelecer a confiança no novo governo dos Estados Unidos.

O Departamento do Tesouro dos Estados Unidos tem uma importância fundamental e multifacetada, desempenhando papéis cruciais na administração das finanças federais e na formulação da política econômica. Sua principal missão é garantir a estabilidade econômica e financeira do país. Isso envolve a gestão da dívida nacional e a administração dos impostos. O Tesouro também é responsável pela elaboração de políticas fiscais e pela implementação de estratégias para estimular o crescimento econômico.

Em resumo, o Tesouro é o guardião das finanças federais, desempenhando um papel crucial na manutenção da confiança pública e na saúde econômica da nação.

A história do Tesouro dos EUA está repleta de momentos em que sua atuação foi realmente significativa. Durante a Grande Depressão dos anos 1930, o Tesouro, sob a liderança de Franklin D. Roosevelt e seu Secretário do Tesouro, Henry Morgenthau Jr., desempenhou um papel central na implementação do New Deal. As reformas e programas estabelecidos ajudaram a restaurar a confiança econômica e promoveram a recuperação da nação. A criação da Securities and Exchange Commission (SEC) e da Federal Deposit Insurance Corporation (FDIC) também foram marcos importantes para regular e proteger o sistema financeiro.

Outro momento crucial foi durante a crise financeira de 2008. O colapso dos mercados financeiros e a falência de grandes instituições bancárias levaram a uma grave recessão. O Tesouro, sob a liderança de Henry Paulson e, posteriormente, Timothy Geithner, implementou o Troubled Asset Relief Program (TARP). Esse programa de resgate financeiro foi essencial para estabilizar o sistema financeiro e evitar um colapso total da economia. As ações do Tesouro durante essa crise demonstraram sua capacidade de responder rapidamente e efetivamente a situações de emergência econômica.

No final dos anos 1980 e início dos anos 1990, o Tesouro dos EUA desempenhou um papel importante na implementação do Plano Brady, uma iniciativa destinada a aliviar a dívida dos países em desenvolvimento. O plano foi nomeado em homenagem ao Secretário do Tesouro dos EUA na época, Nicholas Brady. O objetivo era reestruturar e aliviar a dívida de países que enfrentavam dificuldades econômicas severas devido a altos níveis de dívida externa. O Plano Brady introduziu a possibilidade de conversão da dívida em títulos de longo prazo com condições mais favoráveis, ajudando muitos países a recuperarem a estabilidade econômica e promover o crescimento. Mais adiante vamos falar em detalhes sobre o Plano Brady.

Assim, o Tesouro dos EUA, desde seus primeiros dias até o presente, continua a ser um pilar essencial na administração das finanças americanas e na manutenção da estabilidade econômica. De Hamilton a Morgenthau, de Paulson a Geithner, a missão do Tesouro evoluiu, mas seu papel vital na governança econômica permanece inalterado.

A Família Rothschild: Comunicação, Estratégia e o Legado de um Império Bancário

No final do século XVIII, em meio ao burburinho das ruas estreitas e movimentadas do gueto de Frankfurt, uma pequena loja de troca de moedas começou a chamar a atenção. O gueto, apesar de sua aparência simples, era um centro vibrante de comércio e atividade econômica. Ali, em uma loja modesta, uma figura emergente começou a moldar o destino financeiro da Europa. Mayer Amschel Rothschild, um homem com visão e determinação excepcionais, fundou o que se tornaria um dos impérios bancários mais poderosos e influentes da história. Nascido em 1744, Mayer Amschel Rothschild começou sua trajetória financeira de maneira modesta, dedicando-se à compra e venda de moedas raras e antiguidades. Apesar de suas origens humildes, sua astúcia e habilidades de negociação rapidamente lhe renderam uma rede de contatos valiosa entre a nobreza e a alta sociedade alemã.

O gueto de Frankfurt, onde Mayer Amschel Rothschild começou sua jornada, era um lugar de grande importância comercial na época, mesmo que muitas vezes fosse subestimado pelos observadores externos. A cidade, com sua vibrante atividade comercial, ofereceu a Mayer um terreno fértil para desenvolver suas habilidades financeiras. A loja de troca de moedas de Rothschild não era apenas um ponto de comércio, mas um local onde ele cultivava relacionamentos estratégicos e acumulava conhecimentos valiosos sobre o mercado financeiro.

À medida que o sucesso de Rothschild crescia, ele começou a vislumbrar uma ambição ainda maior. A ideia de expandir seus negócios para além de Frankfurt foi o ponto de partida para a criação de um império financeiro global. Ele enviou seus cinco filhos para diferentes capitais europeias com uma estratégia bem definida. Cada filho teria a tarefa de estabelecer um banco e operar com base na mesma filosofia de negócios que o pai. A visão era criar uma rede bancária interconectada que permitisse a movimentação ágil de informações e recursos financeiros, aproveitando a diversidade dos mercados europeus.

Os filhos de Mayer Amschel Rothschild – Amschel Mayer, Salomon Mayer, Nathan Mayer, Carl Mayer e James Mayer – foram enviados para Frankfurt, Viena, Londres, Nápoles e Paris, respectivamente. Essa distribuição estratégica garantiu que a família pudesse acessar e influenciar os principais centros financeiros da época. A instalação de filiais em diferentes capitais europeias permitiu que os Rothschilds integrassem mercados financeiros diversos e se beneficiassem das oportunidades que surgiam em cada região. Assim, cada banco estabelecido pelos irmãos operava de maneira independente, mas com uma coordenação estreita que garantiu a coesão e a eficácia da rede financeira familiar.

Nathan Mayer Rothschild, que se estabeleceu em Londres, desempenhou um papel fundamental na consolidação do império financeiro da família. Londres, no início do século XIX, era um dos centros financeiros mais importantes do mundo. Nathan, com sua sagacidade financeira e talento para a especulação, rapidamente fez do banco londrino uma potência no mercado financeiro europeu. Seu trabalho foi essencial para a capacidade da família de competir e dominar em uma era de crescente complexidade econômica e política.

A comunicação eficiente foi um dos pilares do sucesso dos Rothschilds. Em uma época em que as informações viajavam lentamente, a capacidade da família de transmitir e processar dados rapidamente era um diferencial crucial. Mayer Amschel Rothschild, antecipando a importância da comunicação na esfera financeira, estabeleceu uma rede de mensageiros e métodos codificados que permitiam a troca rápida de informações. Essa rede foi essencial durante momentos críticos, como crises financeiras e guerras, quando a velocidade e a precisão das informações eram determinantes para o sucesso.

O sistema de comunicação dos Rothschilds foi notoriamente inovador. Eles utilizaram mensageiros a cavalo que viajavam por rotas bem estabelecidas, pombos-correio treinados para transportar mensagens entre as cidades e até sinais codificados que permitiam a troca de informações secretas e rápidas. Esse sistema de comunicação não só ofereceu uma vantagem significativa em termos de tempo, mas também ajudou a criar uma aura de mistério e eficiência ao redor das operações da família.

Essa rede de comunicação permitiu que os Rothschilds realizassem arbitragem de preços de ativos com uma precisão impressionante. Em um exemplo notável, quando Nathan em Londres recebia informações sobre a valorização de títulos em Paris, ele podia rapidamente instruir seus irmãos em Frankfurt e Viena a adquirir esses ativos antes que os preços fossem ajustados. Esse tipo de estratégia requeria um conhecimento profundo dos mercados e uma capacidade para tomar decisões rápidas com base em dados quase em tempo real.

O envolvimento dos Rothschilds nas Guerras Napoleônicas foi um marco na história financeira e na influência da família. Durante esse período turbulento, a capacidade dos Rothschilds de financiar operações militares e garantir recursos para os governos europeus foi crucial. Nathan Mayer Rothschild desempenhou um papel vital ao ajudar o governo britânico a levantar fundos necessários para a guerra contra Napoleão. Utilizando sua expertise em finanças e sua vasta rede de contatos, ele conseguiu garantir empréstimos e negociar títulos de guerra que mantiveram o esforço de guerra britânico funcionando.

Durante as Guerras Napoleônicas, os Rothschilds também desenvolveram uma reputação como financiadores astutos e confiáveis. Sua capacidade de fornecer capital rapidamente e suas habilidades em negociar termos favoráveis foram amplamente reconhecidas e ajudaram a solidificar a posição da família como uma força dominante na arena financeira global.

A Batalha de Waterloo, em 1815, foi um evento particularmente significativo para os Rothschilds e marcou um dos episódios mais controversos e notáveis de sua história. Com a rede de mensageiros da família, Nathan Rothschild foi o primeiro a receber a notícia da derrota de Napoleão. Com essa informação, ele agiu rapidamente para manipular o mercado de títulos em Londres. Começou a vender títulos do governo britânico, criando a impressão de que a Grã-Bretanha havia perdido a batalha. O pânico que se seguiu fez com que os preços dos títulos despencassem.

Quando os preços chegaram ao fundo do poço, Nathan comprou grandes quantidades de títulos a preços reduzidos. Quando a verdadeira notícia da vitória britânica chegou ao público, os preços dos títulos subiram novamente, resultando em ganhos significativos para os Rothschilds. Esse evento não apenas consolidou o poder financeiro da família, mas também destacou sua habilidade em manipular o mercado e aproveitar oportunidades.

A frase frequentemente atribuída a Mayer Amschel Rothschild, "Compre ao som dos canhões, venda ao som dos violinos," encapsula a estratégia da família. O conselho é para comprar ativos durante períodos de crise e incerteza (representados pelos "canhões"), quando os preços estão baixos devido ao pânico e medo, e vender durante períodos de calmaria e prosperidade (representados pelos "violinos"), quando os preços atingem níveis elevados. Esta abordagem contracíclica enfatiza a importância de agir contra a corrente do sentimento do mercado, comprando quando os preços estão baixos e vendendo quando estão altos.

Nos tempos modernos, a família Rothschild continua a ser uma força influente, embora não com o mesmo domínio absoluto que tiveram no século XIX. A modernização e a globalização trouxeram novas oportunidades e desafios para o império financeiro da família. O Grupo Rothschild & Co, uma das principais entidades financeiras da família, oferece uma gama de serviços financeiros, incluindo consultoria financeira, gestão de ativos e *private banking*. A empresa tem se adaptado às mudanças no setor financeiro, mantendo sua relevância e influência.

Além de suas atividades financeiras, a família Rothschild também expandiu suas operações para outras áreas. Possuem participações significativas em vinícolas renomadas, como o Château Lafite Rothschild, uma das vinícolas mais prestigiadas do mundo. A família também está envolvida em setores como mineração e energia, mantendo uma presença significativa em várias indústrias ao redor do globo.

A trajetória dos Rothschilds oferece uma lição valiosa sobre a importância da inovação, da comunicação eficiente e da adaptação no mundo dos negócios. Desde suas origens humildes no gueto de Frankfurt até se tornarem uma das famílias mais poderosas da história financeira, os Rothschilds demonstraram uma habilidade única para aproveitar oportunidades e transformar desafios em vantagens estratégicas. Sua capacidade de criar uma rede bancária interligada e sua habilidade em influenciar eventos históricos significativos fazem deles um exemplo fascinante de como visão e determinação podem transformar pequenas ideias em grandes impérios.

Além disso, a história dos Rothschilds também oferece insights sobre o impacto que uma família pode ter na história financeira e econômica global. Eles não apenas moldaram o destino do mercado financeiro, mas também influenciaram eventos políticos e sociais ao longo dos séculos. Seu legado continua a inspirar financistas e empresários ao redor do mundo, mostrando que, com visão e determinação, é possível transformar pequenas ideias em grandes impérios.

A Evolução do Société Générale: De Fundamentos Tradicionais à Inovação em Private Equity

A trajetória do Société Générale está profundamente entrelaçada com a tradição financeira dos Rothschilds, particularmente através de Gustave de Rothschild, um dos fundadores do banco. Gustave, descendente direto de Mayer Amschel Rothschild, trouxe para o Société Générale o legado de visão e inovação que caracterizou a família Rothschild. Mayer Amschel Rothschild, com sua modesta loja de troca de moedas em Frankfurt, iniciou uma revolução financeira que moldou a história econômica da Europa. A conexão familiar de Gustave com esse legado não apenas conferiu ao Société Générale um prestígio inicial, mas também fundamentou suas práticas inovadoras no mesmo espírito que fez dos Rothschilds um nome reconhecido no mundo das finanças.

O Société Générale surgiu em um período de profundas transformações econômicas e sociais. Fundado em 1864 em Paris, o banco foi criado com o propósito de atender às novas demandas do mercado financeiro francês, que estava emergindo de um período de grande agitação e mudanças. O contexto da fundação do Société Générale foi marcado pela Revolução Industrial, que trouxe consigo uma necessidade crescente de capital para apoiar o rápido crescimento de indústrias e infraestrutura. O banco foi estabelecido para fornecer um suporte financeiro robusto para o desenvolvimento econômico, oferecendo serviços que iam além dos tradicionais, focando na inovação e no suporte a empreendimentos comerciais e industriais.

A escolha do nome Société Générale refletia a ambição de criar uma instituição financeira com uma abordagem generalista, capaz de atender a diversas necessidades econômicas e comerciais. Desde seu início, o banco se destacou por sua capacidade de adaptação e inovação. Em vez de seguir um caminho conservador, o Société Générale mergulhou em práticas financeiras que ampliaram seu alcance e impacto. A instituição rapidamente se tornou um pilar da economia francesa, apoiando uma vasta gama de empreendimentos industriais e comerciais. O papel de Gustave de Rothschild foi crucial nesse processo, pois ele trouxe para o banco uma visão estratégica e uma abordagem prática herdada dos Rothschilds.

O Société Générale se destacou por sua capacidade de investir não apenas com o intuito de gerar lucro imediato, mas também com a visão de apoiar e expandir negócios que pudessem ter um impacto significativo no mercado. Essa abordagem foi pioneira para a época e antecipou muitos dos princípios que mais tarde se consolidariam no private equity. O conceito de private equity envolve o investimento direto em empresas privadas, com o objetivo de proporcionar não apenas capital, mas também suporte estratégico e operacional. O banco atuava de maneira similar, integrando-se ativamente nas operações das empresas nas quais investia.

Em suas operações, o Société Générale ia além de fornecer financiamento. Ele se envolvia diretamente na gestão das empresas, oferecendo orientação estratégica, apoio na reestruturação e até mesmo ajuda na formulação de estratégias de crescimento. Essa prática de engajamento ativo com os negócios financiados antecipou o modelo moderno de private equity, onde os investidores desempenham um papel crucial na gestão e direção das empresas em que investem.

Nos tempos modernos, o conceito de private equity evoluiu, mas os princípios fundamentais de envolvimento ativo e suporte estratégico permanecem. O private equity moderno envolve a aquisição de participações significativas em empresas privadas, muitas vezes com o objetivo de reestruturar, otimizar e eventualmente vender essas empresas para obter um retorno sobre o investimento. O Société Générale, com sua abordagem pioneira, estabeleceu um modelo que não apenas forneceu capital, mas também um envolvimento estratégico que é uma característica central do private equity hoje.

Com o passar do tempo, o Société Générale continuou a expandir suas operações e a solidificar sua posição no mercado financeiro global. A década de 1990 foi um período de significativa transformação para o banco, marcado por aquisições estratégicas e a expansão internacional. A aquisição do Société Générale de Belgique em 2000 foi um marco importante, ampliando a presença do banco em nível global e fortalecendo suas operações na Europa. Este movimento estratégico foi crucial para a consolidação da posição do Société Générale como um dos principais players no setor financeiro europeu e internacional.

Além de sua expansão na Europa, o Société Générale também se lançou em mercados emergentes e novos territórios, como Ásia, América Latina e Oriente Médio. Esse crescimento global permitiu ao banco aproveitar novas oportunidades e aumentar sua influência econômica.

Hoje, o Société Générale é uma instituição financeira de renome internacional, presente em mais de 60 países. Oferece uma ampla gama de serviços, incluindo banco de varejo, gestão de ativos, consultoria financeira e serviços de mercado de capitais. A presença global do banco reflete a continuidade do legado de Gustave de Rothschild e sua capacidade de se adaptar às mudanças no cenário financeiro.

Desde sua fundação em 1864, o Société Générale tem se destacado pela visão estratégica e inovação. A conexão com os Rothschilds deu ao banco uma base sólida e um legado de excelência que ainda ressoa em suas práticas e influência. O banco continua a desempenhar um papel crucial no cenário financeiro global, mostrando como uma herança de inovação e uma abordagem proativa podem garantir sucesso duradouro.

SEÇÃO III

REVOLUÇÕES, LENDAS E CRISES: A CONSTRUÇÃO DO MERCADO FINANCEIRO CONTEMPORÂNEO

A Era de Ouro das Ferrovias: A Revolução do Vapor e o Frenesi Financeiro

Era um tempo de esperança e entusiasmo que pairava sobre as capitais financeiras do mundo, Londres e Nova Iorque, em meados do século XIX. O mercado financeiro, então robustecido e líquido, pulsava com uma vitalidade que refletia o otimismo da era industrial. As bolsas de valores dessas cidades tornaram-se os epicentros do capital global, onde investimentos eram discutidos e dinheiro trocado com uma agilidade que espelhava o crescimento econômico sem precedentes da época. O ouro e o papel-moeda fluíam como nunca antes, alimentando sonhos de riqueza e progresso.

No coração desse frenesi financeiro, surgiu uma inovação que prometia transformar não apenas a paisagem física, mas o próprio tecido da sociedade: as ferrovias. A máquina a vapor, desenvolvida ao longo do século XVIII, tornou-se o pilar dessa revolução. A invenção de George Stephenson e de sua locomotiva, a Locomotion No. 1, inaugurada em 1825, marcou o início de uma era em que o vapor não apenas movia máquinas, mas também locomotivas de ferro, traçando novas rotas para o comércio e a mobilidade.

Com o vapor como força motriz, o conceito de viagem e transporte entrou em uma nova dimensão. Em vez de depender das carroças e navios, que eram limitados pela geografia e pelo clima, a ferrovia oferecia um meio de transporte rápido e previsível, uma mudança radical para o comércio e o deslocamento pessoal. As linhas de ferro começavam a conectar cidades e regiões, encurtando distâncias e encorajando a movimentação de mercadorias e pessoas como nunca antes.

O impacto das ferrovias foi monumental. A tecnologia trouxe um avanço econômico significativo, permitindo que bens fossem transportados com maior eficiência e menor custo. Indústrias inteiras surgiram ao longo das linhas ferroviárias, desde fábricas que produziam trilhos e locomotivas até empresas de mineração que forneciam carvão para alimentar o vapor. As cidades se expandiram, novas comunidades surgiram e a mobilidade social tornou-se mais acessível.

Socialmente, as ferrovias desempenharam um papel nivelador. As viagens longas e onerosas, antes reservadas para a elite, tornaram-se mais acessíveis às massas, promovendo a integração de diversas regiões e uma maior troca cultural. No comércio, o transporte mais rápido e confiável resultou em mercados mais amplos e na redução dos preços dos produtos, beneficiando tanto consumidores quanto produtores.

O entusiasmo pela nova tecnologia era palpável, e os mercados financeiros estavam prontos para capitalizar sobre essa revolução. A bolsa de valores em Londres, com sua tradição de comércio e especulação, viu um aumento vertiginoso no interesse por ações de empresas ferroviárias. Em Nova Iorque, investidores estavam igualmente seduzidos pela promessa de lucros rápidos e robustos. As notícias de sucesso das primeiras ferrovias desencadearam um frenesi especulativo.

Os especuladores, muitas vezes sem qualquer conhecimento profundo das complexidades da indústria ferroviária, compravam ações de empresas ferroviárias com uma fé cega. As notícias de novas linhas sendo planejadas e inauguradas alimentavam um ciclo de otimismo. O capital fluía como água, e a ideia de que as ferrovias eram um investimento seguro e altamente lucrativo parecia incontestável.

O que começou como um entusiasmo saudável logo evoluiu para um ciclo especulativo desenfreado. As ações das empresas ferroviárias dispararam, e novas empresas surgiam a um ritmo frenético. As promessas de crescimento ilimitado e de rotas ferroviárias que poderiam conectar qualquer canto do mundo atraíam investidores de todos os segmentos da sociedade.

Entretanto, a bolha estava prestes a estourar. Muitas das novas linhas ferroviárias planejadas eram economicamente inviáveis. O custo de construção das ferrovias superava as previsões mais otimistas, e a demanda por transporte ferroviário muitas vezes não correspondia às expectativas. Quando o excesso de oferta começou a ser evidente e as receitas não atenderam às previsões, a confiança dos investidores vacilou.

O colapso começou a tomar forma em 1846 e atingiu seu clímax com o Pânico de 1847. As ações de empresas ferroviárias desmoronaram, levando a uma série de falências e um ceticismo generalizado sobre o futuro da indústria. O entusiasmo virou desilusão, e o mercado se viu em uma crise que derrubou muitos dos sonhos de riqueza fácil.

Ao refletir sobre o que aconteceu, é útil distinguir entre o que eu costumo chamar de dois tipos de bolhas: as "bolhas de novas tecnologias" e as "bolhas vazias". As bolhas de novas tecnologias, como a das ferrovias, estão enraizadas em inovações reais que oferecem avanços significativos, mas cuja adoção e rentabilidade podem ser mal compreendidas. Essas bolhas são impulsionadas pela esperança e pela especulação sobre o potencial futuro, muitas vezes exacerbadas por um mercado financeiro exuberante.

Por outro lado, as bolhas vazias, como a famosa Tulipomania do século XVII, envolvem a especulação sobre ativos que têm pouco valor intrínseco, como bulbos de tulipas. Essas bolhas são frequentemente alimentadas por uma combinação de desejo e especulação, sem a base de uma inovação tecnológica real. No caso das ferrovias, embora a bolha tenha levado a um colapso, a tecnologia em si demonstrou ter um valor significativo e transformador, diferente da natureza ilusória da Tulipomania.

À medida que a poeira da bolha das ferrovias assentava, o mercado financeiro e a sociedade estavam se preparando para uma nova onda de inovação. Se as ferrovias tinham prometido uma revolução na mobilidade e no comércio, o próximo avanço tecnológico que iria capturar a imaginação do mundo seria o telégrafo. Com a capacidade de enviar mensagens instantaneamente por longas distâncias, o telégrafo prometia transformar a comunicação e, por extensão, o mercado financeiro, permitindo uma coordenação e um fluxo de informações sem precedentes. O impacto do telégrafo seria tão profundo quanto o das ferrovias, e sua introdução sinalizaria uma nova era na interconexão global e na dinâmica do mercado financeiro.

No próximo capítulo, exploraremos como o telégrafo não apenas expandiu as fronteiras da comunicação, mas também remodelou as operações financeiras, redefinindo o tempo e o espaço no comércio e na especulação.

Entre Mensagens e Mercados: A Revolução do Telégrafo e a Nova Era da Comunicação F inanceira

De forma quase concomitante com o surgimento das ferrovias, uma inovação tecnológica surgiu e prometia não apenas transformar a comunicação, mas redefinir o mercado financeiro global: o telégrafo. Em uma época em que o fluxo de informações era um dos maiores desafios para os investidores, o telégrafo ofereceu uma solução revolucionária, mudando a forma como os mercados funcionavam e ampliando significativamente o acesso ao investimento. A importância desta inovação para o mercado de capitais é um capítulo fascinante da história financeira, refletindo uma transformação comparável àquela que vivemos hoje com a tecnologia digital e os home brokers.

A história do telégrafo começa com Samuel Morse, um inventor americano que, em 1836, apresentou o primeiro sistema de telégrafo elétrico prático. Morse, que também era um artista, combinou sua habilidade criativa com conhecimentos científicos para criar uma tecnologia que permitia a transmissão de mensagens através de fios elétricos a longas distâncias. Em 1844, Morse e seu colaborador Alfred Vail realizaram a primeira transmissão de longa distância, enviando a famosa mensagem "What hath God wrought" (O que Deus fez) de Washington, D.C., para Baltimore.

O telégrafo de Morse utilizava um código, conhecido como Código Morse, que transformava letras e números em uma série de sinais curtos e longos. Essa codificação permitia a transmissão rápida e eficaz de mensagens, uma inovação crucial para a comunicação à distância. A partir desse ponto, o telégrafo se espalhou rapidamente pelos Estados Unidos e pela Europa, estabelecendo uma rede de comunicação que começou a conectar os principais centros financeiros e políticos.

Uma das instituições mais influentes no desenvolvimento e na disseminação do telégrafo foi a Western Union, hoje especializada em transferências internacionais de recursos. Fundada em 1851, a Western Union foi pioneira na construção de uma vasta rede de telégrafos, interligando cidades e regiões nos Estados Unidos e, mais tarde, na Europa. A empresa não apenas expandiu a infraestrutura do telégrafo, mas também desempenhou um papel crucial na integração do mercado financeiro.

A Western Union foi fundamental ao estabelecer um sistema de comunicação que conectava centros financeiros distantes, permitindo a transmissão quase instantânea de informações financeiras e comerciais. Isso possibilitou aos investidores acessar dados sobre preços de ações e notícias econômicas em tempo real, o que representou uma grande transformação.

Antes do telégrafo, as informações sobre o mercado eram transmitidas de maneira lenta e muitas vezes levavam dias ou semanas para chegar a centros financeiros distantes. Com o advento do telégrafo, as informações passaram a circular em minutos, promovendo uma nova era de integração e eficiência no mercado financeiro.

Em Nova Iorque e Londres, as bolsas de valores passaram a operar de maneira radicalmente diferente. O telégrafo permitiu a divulgação quase em tempo real dos preços das ações e das notícias sobre as empresas, facilitando uma coordenação mais eficaz entre os mercados. Isso possibilitou que investidores em Nova Iorque recebessem informações de Londres e vice-versa, promovendo uma resposta rápida a eventos e mudanças no mercado. A integração proporcionada pelo telégrafo globalizou o investimento, permitindo uma movimentação de capital entre as principais capitais financeiras com uma agilidade sem precedentes.

Com o telégrafo, investidores em locais distantes puderam participar dos mercados financeiros. A capacidade de obter informações rapidamente e realizar transações a partir de regiões afastadas democratizou o acesso ao mercado, ampliando a base de investidores e tornando o mercado financeiro mais inclusivo. Assim como os home brokers permitem que qualquer pessoa com acesso à internet participe do mercado financeiro, o telégrafo proporcionou uma forma primitiva de acesso remoto aos mercados. Ou seja, antes do telégrafo, investidores fora das grandes cidades não tinham acesso fácil às informações de mercado e às oportunidades de investimento. Com a chegada do telégrafo, mesmo aqueles que não estavam fisicamente presentes nas bolsas de valores puderam participar ativamente, recebendo informações e realizando transações a partir de locais distantes.

O telégrafo não apenas facilitou a comunicação mais rápida e eficaz entre centros financeiros, mas também transformou a maneira como os investidores pensavam sobre o mercado. A capacidade de obter informações instantâneas e realizar transações rapidamente levou a uma maior confiança e a um aumento na atividade de negociação. Os investidores passaram a ver o mercado como um lugar mais dinâmico e acessível, onde as oportunidades estavam mais ao alcance do que nunca.

No entanto, essa transformação também trouxe novos desafios. A comunicação instantânea permitiu que notícias e eventos fossem disseminados rapidamente, mas também introduziu o risco de reações exageradas e especulativas. A volatilidade do mercado começou a aumentar à medida que os investidores reagiam rapidamente a novas informações, muitas vezes sem uma análise completa dos fundamentos econômicos.

O impacto do telégrafo no mercado de capitais foi duradouro e preparou o terreno para futuras inovações tecnológicas. A capacidade de comunicação rápida e eficaz tornou-se um padrão essencial para o funcionamento dos mercados financeiros modernos. À medida que outras tecnologias, como o telefone e o computador, se desenvolveram, elas continuaram a construir sobre a base estabelecida pelo telégrafo.

O telégrafo foi um dos primeiros passos na direção de um mercado financeiro globalizado e interconectado. Ele permitiu que os mercados se integrassem de maneira mais coesa, facilitando o fluxo de capital e informações. Embora o telégrafo tenha sido substituído por tecnologias mais avançadas, seu papel fundamental na evolução dos mercados financeiros não pode ser subestimado. Ele marcou o início de uma era em que a comunicação e a participação dos investidores se tornaram mais inclusivas e acessíveis, moldando o mercado financeiro como o conhecemos hoje.

Transformando o Mercado: A Influência Duradoura de Dow e Jones no Mercado Financeiro

Na virada do século XIX para o XX, o mercado financeiro dos Estados Unidos estava se transformando de maneira radical, impulsionado por uma série de inovações tecnológicas e sociais. Entre essas inovações, o telégrafo desempenhou um papel crucial ao conectar investidores e centros financeiros distantes com uma velocidade nunca antes vista. Conforme já abordado, esse avanço permitiu que as informações financeiras viajassem em minutos, ampliando a base de investidores e democratizando o acesso ao mercado de capitais. No contexto desse crescimento e transformação, Nova Iorque se destacava como o epicentro financeiro global, atraindo imigrantes e consolidando seu papel como um dos principais centros financeiros do mundo.

No final do século XIX, Nova Iorque experimentava um crescimento explosivo. A cidade, que já era um importante centro comercial e financeiro, viu um influxo massivo de imigrantes em busca de oportunidades. Este aumento populacional contribuiu para a expansão da infraestrutura da cidade e para a diversificação econômica, transformando Nova Iorque em uma metrópole dinâmica e multifacetada. O desenvolvimento das ferrovias e a construção de marcos arquitetônicos, como o Flatiron Building, são testemunhas desse crescimento frenético. Poucas décadas depois das contribuições de Charles Dow e Edward Jones, a cidade viria a erguer o Empire State Building, um símbolo do poder econômico e da inovação arquitetônica que caracterizava Nova Iorque.

A Bolsa de Valores de Nova Iorque (NYSE), por sua vez, estava passando por uma evolução significativa. O mercado tornou-se cada vez mais líquido, atraindo uma crescente quantidade de investidores e competindo vigorosamente pela liderança mundial. A NYSE, com seu volume de negociações e a inovação constante, estabeleceu-se como uma das bolsas de valores mais influentes, não apenas nos Estados Unidos, mas globalmente.

Foi nesse ambiente de crescimento e dinamismo que duas figuras cruciais surgiram: Charles Dow e Edward Jones. Charles Henry Dow nasceu em 1851 em Sterling, Connecticut, e inicialmente trabalhou como jornalista em Cleveland. Seu interesse por finanças levou-o a se mudar para Nova Iorque, onde trabalhou no "Providence Journal" antes de fundar o "Wall Street Journal" em 1889. Edward David Jones, nascido em 1856 em Saint Louis, Missouri, tinha uma sólida formação em finanças e trabalhava como corretor. Ele, junto com Dow formaram a Dow, Jones & Company em 1899.

A colaboração entre Dow e Jones foi fundamental para o desenvolvimento de uma série de inovações que moldaram o mercado financeiro. Em 1896, Charles Dow lançou o Índice Dow Jones, um dos marcos mais significativos da história financeira. O índice inicialmente incluía 12 ações de empresas industriais e foi criado para refletir a performance agregada dessas empresas. A metodologia era simples: somava-se o preço das ações incluídas e dividia-se o total por um divisor. Esse divisor era ajustado periodicamente para levar em conta eventos corporativos, como desdobramentos e dividendos, garantindo que o índice refletisse com precisão a performance do mercado.

O Índice Dow Jones rapidamente ganhou aceitação e tornou-se um barômetro crucial para os investidores. Ele fornecia uma visão clara do desempenho das principais empresas industriais e, por extensão, da economia americana. A importância do índice não se limitava apenas ao seu valor numérico; ele oferecia uma maneira de avaliar a saúde econômica e permitia que os investidores acompanhassem as tendências do mercado com mais precisão.

Além do Índice Dow Jones, a fundação do "Wall Street Journal" foi uma contribuição fundamental para o mercado financeiro. O jornal foi criado para fornecer uma cobertura financeira abrangente, oferecendo análises detalhadas, relatórios de mercado e notícias econômicas. Desde sua fundação, o "Wall Street Journal" estabeleceu-se como uma fonte vital de informação, influenciando a forma como o mercado era percebido e compreendido. O jornal tornou-se um padrão de excelência na cobertura financeira, ajudando a informar e a educar investidores, analistas e o público em geral sobre o funcionamento do mercado.

A importância do "Wall Street Journal" ao longo da história não pode ser subestimada. Durante a Grande Depressão, por exemplo, o jornal desempenhou um papel crucial ao fornecer informações precisas e análises detalhadas, ajudando os investidores a entenderem a crise e a tomarem decisões mais informadas. No mundo contemporâneo, o "Wall Street Journal" continua a ser uma das publicações mais respeitadas e influentes na área financeira, adaptando-se às mudanças na tecnologia e no mercado para continuar a oferecer informações relevantes e de alta qualidade. A presença digital do jornal, com sua versão online e suas plataformas de mídia social, garante que ele permaneça na vanguarda da cobertura financeira, atendendo a uma audiência global.

Charles Dow também desenvolveu a teoria de análise gráfica moderna, uma abordagem que transformaria a análise de mercados financeiros. A teoria de Dow baseava-se na ideia de que o comportamento do mercado poderia ser compreendido através da análise de gráficos e padrões de preços. Dow identificou três tipos de tendências no mercado: primária, secundária e terciária. A tendência primária representava a direção geral do mercado, que poderia ser de alta (bull market) ou de baixa (bear market). A tendência secundária eram correções dentro da tendência primária, podendo durar semanas ou meses. A tendência terciária referia-se a movimentos de curto prazo, geralmente causados por fatores temporários.

Além dessas tendências, Dow introduziu conceitos fundamentais como suporte e resistência, que se tornariam pilares da análise técnica moderna. Suporte é o nível de preço onde a ação tende a parar de cair e possivelmente a subir, enquanto resistência é o nível onde o preço tende a parar de subir e pode começar a cair. Dow acreditava que essas zonas de suporte e resistência eram críticas para compreender as forças do mercado e tomar decisões de investimento mais informadas. Seus princípios influenciaram profundamente o desenvolvimento da análise técnica e continuam a ser relevantes para os investidores e analistas financeiros até hoje.

As décadas finais do século XIX e o início do século XX foram momentos cruciais para a consolidação do mercado financeiro. As inovações tecnológicas, como o telégrafo, e as contribuições de figuras como Charles Dow e Edward Jones ajudaram a moldar o mercado financeiro moderno. O Índice Dow Jones e o "Wall Street Journal" estabeleceram padrões que ainda são seguidos, e a teoria de Dow influenciou a forma como os investidores analisam os mercados.

O Legado de J.P. Morgan: Transformando a Economia A mericana

Nesse tempo de expansão e efervescência nos Estados Unidos, a economia estava crescendo rapidamente, alimentada por inovações tecnológicas e um mercado financeiro cada vez mais robusto. Em meio a esse cenário dinâmico, emergiu uma figura central que deixaria uma marca indelével no mundo financeiro: John Pierpont Morgan, ou simplesmente J.P. Morgan. Ele fundou o banco J.P. Morgan & Co., uma instituição que se tornaria sinônimo de poder e influência no mercado de capitais americano e global.

J.P. Morgan nasceu em 1837, em Hartford, Connecticut. Filho de Junius Spencer Morgan, um bem-sucedido banqueiro de Londres, J.P. Morgan teve uma educação privilegiada, estudando na Escola Inglesa de Cheshire e depois na Universidade de Göttingen, na Alemanha. Desde jovem, ele demonstrou um talento excepcional para os negócios e as finanças. Após completar seus estudos, Morgan retornou aos Estados Unidos e iniciou sua carreira no setor bancário, trabalhando em diversas instituições antes de fundar seu próprio banco.

Em 1871, J.P. Morgan se uniu a Anthony J. Drexel para criar a Drexel, Morgan & Co., que mais tarde se tornaria J.P. Morgan & Co. Desde o início, o banco se destacou por sua capacidade de organizar grandes financiamentos e reestruturar empresas em dificuldades. Uma das primeiras e mais notáveis intervenções de Morgan foi na indústria ferroviária. No final do século XIX, as ferrovias americanas estavam em crise, com muitas empresas enfrentando falências e dívidas enormes. Morgan interveio, reestruturando a dívida das empresas e consolidando várias delas em sistemas ferroviários mais eficientes e lucrativos. Esse processo, conhecido como "morganização", não só salvou a indústria ferroviária, mas também estabeleceu a reputação de Morgan como um dos mais poderosos financistas de seu tempo.

O papel de J.P. Morgan no mercado financeiro não se limitou às ferrovias. Em 1901, ele ajudou a fundar a U.S. Steel Corporation, a primeira corporação bilionária do mundo, ao consolidar várias empresas de aço, incluindo a Carnegie Steel Company. Esse movimento não apenas transformou a indústria do aço, mas também demonstrou o poder de Morgan em moldar setores inteiros da economia americana.

Durante o Pânico de 1907, J.P. Morgan mostrou mais uma vez sua habilidade e influência. A crise começou em outubro de 1907, quando o mercado de ações de Nova Iorque caiu drasticamente, levando a uma série de falências bancárias. O pânico foi desencadeado por uma tentativa fracassada de especulação que envolvia ações da United Copper Company, resultando em uma crise de liquidez generalizada. Bancos e trustes, que eram instituições financeiras não reguladas, enfrentaram uma corrida aos depósitos, onde muitos depositantes tentaram retirar seu dinheiro ao mesmo tempo. A crise financeira ameaçava levar o sistema bancário dos Estados Unidos ao colapso.

Morgan, reconhecendo a gravidade da situação, convocou uma reunião de emergência com os principais banqueiros de Nova Iorque em sua biblioteca. Durante três semanas, ele coordenou esforços para reunir fundos e injetar liquidez nos bancos em dificuldades. Ele também persuadiu outras instituições financeiras a contribuir com recursos, criando um fundo de resgate para estabilizar os mercados. Essa intervenção não só estabilizou o sistema financeiro, mas também reforçou a necessidade de uma instituição central para regular o mercado bancário, o que eventualmente levou à criação do Federal Reserve em 1913.

A influência de J.P. Morgan foi tão significativa que, mesmo após sua morte em 1913, seu banco continuou a desempenhar um papel central nos principais eventos financeiros. No entanto, em 1933, durante a Grande Depressão, o Congresso dos Estados Unidos aprovou a Glass-Steagall Act, uma legislação que separava as operações de bancos comerciais e de investimento para reduzir o risco sistêmico no sistema financeiro. Como resultado, J.P. Morgan & Co. foi forçado a escolher entre suas operações comerciais e de investimento.

A empresa decidiu se concentrar no banco comercial, e seus negócios de investimento foram separados, levando à criação do Morgan Stanley.

A separação não diminuiu a influência de J.P. Morgan & Co. Continuando como um banco comercial, a instituição manteve sua posição de destaque no setor financeiro. Ao longo das décadas seguintes, o banco expandiu suas operações globalmente, participando de importantes fusões e aquisições. Em 2000, o J.P. Morgan se fundiu com a Chase Manhattan Corporation, criando o JPMorgan Chase & Co., um dos maiores conglomerados financeiros do mundo.

A crise financeira de 2008 foi outro momento crucial na história do banco. Durante a crise, o JPMorgan Chase demonstrou resiliência e adquiriu ativos significativos, incluindo o Bear Stearns e os depósitos do Washington Mutual, fortalecendo ainda mais sua posição no mercado financeiro global. Sob a liderança de Jamie Dimon, o banco emergiu da crise como uma das instituições mais robustas e influentes do mundo financeiro.

Hoje, o JPMorgan Chase & Co. continua a ser um líder em inovação financeira e práticas de sustentabilidade. A instituição investe em tecnologias emergentes, como blockchain e inteligência artificial, e adota políticas de sustentabilidade para enfrentar os desafios ambientais e sociais. O legado de J.P. Morgan é visível em cada aspecto do banco, desde sua capacidade de inovar até sua influência no mercado global.

O legado de J.P. Morgan vai além das finanças. Sua visão e liderança moldaram não apenas o sistema bancário, mas também a própria estrutura da economia americana. A instituição que ele fundou continua a ser um pilar do mercado financeiro, adaptando-se às mudanças e continuando a influenciar políticas financeiras globais.

À medida que olhamos para o futuro, a próxima etapa desta jornada histórica levará a história de John Moody, outra figura icônica no mundo financeiro. Moody, conhecido por suas contribuições no desenvolvimento do sistema de classificação de crédito, ajudou a criar um padrão para avaliar a solvência das empresas e a saúde financeira dos emissores de dívida. Sua visão e inovação foram fundamentais para o desenvolvimento de mercados de capitais mais transparentes e eficientes, marcando mais um capítulo significativo na história das finanças.

Classificação de Crédito: O Legado Inovador de John Moody

No início do século XX, o mercado financeiro estava em meio a uma onda de inovações e transformações, como a crescente integração global e a implementação de novas tecnologias. Nesse cenário efervescente, surgiu o trabalho de John Moody, que viria a ser uma figura fundamental na criação de um sistema de classificação de crédito que moldaria para sempre a forma como investidores e instituições financeiras avaliam o risco de crédito.

John Moody nasceu em 1868, em uma época em que os mercados financeiros eram significativamente diferentes dos que conhecemos hoje. Ele cresceu em um ambiente que ainda estava se ajustando às rápidas mudanças econômicas e tecnológicas do final do século XIX. Moody, com sua visão e perspicácia financeira, estava prestes a transformar a maneira como o crédito era avaliado e gerenciado. Antes do advento de Moody, as avaliações de crédito eram, em muitos aspectos, uma mistura de intuição, rumores e análises pessoais. Não havia um sistema formalizado e amplamente aceito para fornecer uma visão clara e objetiva do risco associado a investir em títulos ou emprestar dinheiro a empresas e governos.

O processo de avaliação de crédito antes da chegada de Moody era, muitas vezes, desorganizado e informal. Analistas financeiros e investidores baseavam suas decisões em informações limitadas e, muitas vezes, em relatórios esparsos que não seguiam um padrão uniforme. As avaliações eram frequentemente influenciadas por fatores subjetivos e pela reputação dos emissores, sem um método sistemático de quantificação do risco. Esse cenário estava prestes a mudar com a introdução do sistema de classificação de Moody, que trouxe uma abordagem estruturada e metódica para a avaliação de crédito.

Em 1909, John Moody fundou a Moody's Investors Service, estabelecendo um sistema de classificação que visava fornecer uma análise mais clara e consistente do risco de crédito. Moody introduziu uma escala de notas que avaliava a solvência de emissores de títulos e outros ativos de créito. Esse sistema classificava as obrigações em categorias como A, B, C, e assim por diante, com subcategorias para indicar diferentes níveis de risco. Essa abordagem permitiu que investidores e instituições financeiras tivessem uma visão mais precisa e padronizada do risco associado a diferentes investimentos.

O sistema de notas criado por Moody se tornou um marco na forma como o crédito é avaliado. As notas indicam a probabilidade de inadimplência ou default, com notas mais altas refletindo uma menor probabilidade de falha e notas mais baixas indicando um risco mais elevado. Por exemplo, um título classificado como AAA tem uma probabilidade muito baixa de default, enquanto um título classificado como B ou C pode ser mais arriscado. Essa sistematização trouxe uma nova era de transparência e confiabilidade para o mercado financeiro, ajudando investidores a tomar decisões mais informadas.

As notas de crédito, estabelecidas por Moody e por outras agências, são aplicáveis tanto para países quanto para empresas. No contexto dos países, os ratings soberanos avaliam a capacidade de um governo de cumprir suas obrigações de dívida. Para as empresas, as classificações de crédito avaliam a capacidade de uma empresa de honrar suas dívidas corporativas. O impacto dessas classificações é significativo, pois influencia as condições de financiamento e a confiança dos investidores em diferentes emissores de títulos.

Uma questão interessante é a diferença entre os ratings soberanos em moeda local e em moeda estrangeira. De forma geral, o rating de crédito em moeda local tende a ser mais alto do que o rating em moeda estrangeira. Isso ocorre porque um país tem controle sobre sua própria moeda e pode, em teoria, criar mais moeda para pagar sua dívida interna. Em contraste, o rating em moeda estrangeira avalia a capacidade do país de gerar ou obter moeda estrangeira necessária para cumprir suas obrigações internacionais. A exposição ao risco cambial e a necessidade de converter moeda local em moeda forte pode tornar o rating em moeda estrangeira mais restritivo e, portanto, mais baixo.

Os títulos do Tesouro dos EUA, por exemplo, frequentemente possuem as melhores classificações de crédito possíveis, como AAA, devido à percepção de baixo risco associado a esses títulos. Isso se deve à estabilidade econômica dos Estados Unidos, à sua capacidade de arrecadar receitas e ao fato do dólar ser uma moeda mundialmente aceita. Os investidores consideram os títulos do Tesouro dos EUA como um dos investimentos mais seguros, o que contribui para sua classificação de crédito máxima.

Além de Moody's Investors Service, outras agências de rating desempenham papéis importantes na avaliação de crédito. As mais conhecidas incluem Standard & Poor's (S&P) e Fitch Ratings. Essas agências fornecem análises e classificações de crédito semelhantes, ajudando investidores a avaliar o risco associado a diferentes investimentos. Embora cada agência possa ter metodologias e escalas de rating ligeiramente diferentes, todas desempenham um papel crucial na formação do mercado financeiro e na alocação de capital.

John Moody e seu trabalho tiveram um impacto profundo e duradouro no mercado financeiro. A introdução de um sistema estruturado de classificação de crédito ajudou a trazer mais transparência e eficiência para o mercado financeiro, permitindo que investidores e instituições tomassem decisões mais informadas e fundamentadas. O legado de Moody vive na forma como os ratings de crédito são utilizados hoje para avaliar e gerenciar o risco financeiro.

O trabalho de Moody não apenas transformou a forma como avaliamos o crédito, mas também preparou o terreno para futuras inovações e desenvolvimentos no campo da análise financeira e da classificação de crédito.

Charles Ponzi e a Criação de um Legado de Fraude

No limiar do século XX, quando as cidades americanas pulsavam com a energia do progresso e a prosperidade parecia estar ao alcance de todos, surgiu uma figura que viria a marcar a história financeira de uma forma indelével. Charles Ponzi, um imigrante italiano com grandes ambições e um plano engenhoso de fraude, se tornou um nome sinônimo de engano financeiro. Para compreender a profundidade de sua influência, é necessário voltar às origens deste homem e explorar o esquema que lhe conferiu notoriedade, suas consequências e o impacto duradouro na regulação financeira.

Charles Ponzi nasceu em 3 de março de 1882, em Lugo, uma pequena cidade na Itália. Filho de uma família modesta, Ponzi teve um começo de vida que não presagiava o tumulto financeiro que ele viria a causar. Em 1903, em busca de melhores oportunidades, imigrou para os Estados Unidos, onde começou sua trajetória em empregos temporários e mal remunerados. A verdadeira virada em sua vida ocorreu em 1919, quando ele descobriu uma oportunidade que, na sua visão, prometia riqueza rápida e fácil – e que rapidamente se transformaria em uma das fraudes mais notórias da história financeira.

Ponzi utilizou sua perspicácia para criar um esquema que prometia retornos elevados e rápidos. Ele alegava que havia encontrado uma maneira de lucrar com a arbitragem de cupons internacionais de resposta postal (selos postais), um método pelo qual ele compraria cupons baratos em países estrangeiros e os venderia por valores mais altos nos Estados Unidos. Essa promessa de retornos de 50% em 45 dias atraía investidores desesperados por oportunidades de lucro rápido. Na verdade, Ponzi não estava envolvido em qualquer tipo de arbitragem real.

O esquema de Ponzi funcionava com uma simplicidade dissimulada. Ponzi recrutava investidores oferecendo promessas de retornos espetaculares e rápidos. Ele apresentava um plano detalhado de como o dinheiro seria investido e multiplicado, embora na realidade não houvesse qualquer investimento real sendo feito. Ao invés disso, ele utilizava os fundos recém-recebidos para pagar os retornos aos investidores anteriores, mantendo assim o ciclo fraudulento em funcionamento. A atração do esquema estava nas promessas de ganhos rápidos e elevados, algo que muitos achavam irresistível em um tempo de crescente otimismo econômico.

O esquema começou a desmoronar quando a mídia e as autoridades começaram a investigar as operações de Ponzi. A demanda por retiradas de investimentos aumentou, e a falta de novos investidores para cobrir essas retiradas expôs a fragilidade da operação. Em agosto de 1920, Ponzi foi preso e a verdade sobre seu esquema foi revelada, causando um pânico generalizado entre os investidores e resultando em grandes perdas financeiras.

O impacto do esquema Ponzi foi devastador para muitos investidores. Eles não apenas perderam seus investimentos, mas também foram confrontados com a dura realidade de que haviam sido enganados por uma fraude bem arquitetada. O caso de Ponzi expôs a necessidade urgente de uma regulamentação financeira mais robusta para proteger investidores e evitar esquemas fraudulentos semelhantes.

O escândalo de Ponzi teve profundas implicações para a regulação financeira. Em resposta ao colapso de seu esquema, houve um impulso significativo para fortalecer a regulamentação do mercado financeiro e garantir uma maior transparência nas operações de investimento. As autoridades financeiras começaram a implementar leis e regulamentos mais rigorosos para prevenir fraudes e proteger os investidores. Esse período marcou um ponto de virada na história da regulamentação financeira, com a criação de estruturas e práticas destinadas a assegurar a integridade e a transparência do mercado.

Charles Ponzi foi condenado por fraude e sentenciado a uma longa pena de prisão. Após cumprir sua sentença, ele foi deportado para a Itália. Em 1934, Ponzi se estabeleceu no Brasil, onde viveu seus últimos anos. No Brasil, ele teve uma vida modesta, longe dos holofotes financeiros que uma vez o cercaram.

Embora tenha sido uma figura notória em sua juventude, seus últimos anos foram marcados por uma relativa obscuridade.

O legado de Ponzi não se limitou ao seu esquema original. Após seu caso, surgiram diversos outros esquemas fraudulentos com características semelhantes, sempre explorando a promessa de retornos rápidos e elevados. Esses esquemas continuaram a surgir, muitas vezes disfarçados sob novas formas e técnicas, mas sempre baseados na mesma premissa fundamental de enganar investidores ao criar a aparência de lucratividade onde não havia nenhuma.

Para entender completamente o impacto e a natureza dos esquemas fraudulentos, é útil distinguir entre um esquema Ponzi e um esquema de pirâmide financeira. Embora os termos sejam frequentemente usados de forma intercambiável, eles têm diferenças importantes:

- Em um esquema Ponzi, o organizador centraliza o controle do dinheiro e dos pagamentos. Ele usa o dinheiro dos novos investidores para pagar retornos aos investidores anteriores, sem a necessidade de recrutamento contínuo de novos participantes. O foco está na promessa de retornos elevados sem uma base real de lucro.

- Em um esquema de pirâmide, os participantes são incentivados a recrutar novos membros, que pagam uma taxa de entrada. O dinheiro dos novos recrutas é distribuído entre os níveis superiores da pirâmide. O sucesso do esquema depende da capacidade dos participantes de continuar recrutando novos membros. Os esquemas de pirâmide tendem a se expandir de forma exponencial e são insustentáveis a longo prazo.

À medida que avançamos para o próximo capítulo da história financeira, que abordará a quebra da Bolsa de Valores de Nova Iorque, é importante refletir sobre como os eventos passados, como o esquema de Charles Ponzi, moldaram as práticas e regulamentações financeiras modernas. O impacto do caso Ponzi e o subsequente desenvolvimento das regulamentações financeiras foram passos cruciais na construção de um sistema financeiro mais transparente e seguro. Ao examinar a quebra da Bolsa de Valores de Nova Iorque, veremos como os mercados financeiros continuaram a evoluir em resposta a crises e fraudes, e como a história financeira é uma tapeçaria de inovação, desafio e adaptação.

A Queda de Wall Street: O Crash de 1929 e as Reformas que Moldaram o Sistema Financeiro

Na década de 1920, Nova York era o epicentro de uma revolução cultural, econômica e social. O período, conhecido como os "Anos Loucos" ou *"Roaring Twenties"*, testemunhou uma transformação sem precedentes em diversos aspectos da vida urbana.

Geopoliticamente, os Estados Unidos emergiam como uma potência global após a Primeira Guerra Mundial. O fim do conflito trouxe uma era de otimismo e prosperidade, especialmente para Nova York, que se consolidava como um dos maiores centros financeiros do mundo. O comércio internacional florescia, impulsionado pela demanda europeia por produtos americanos.

Economicamente, a cidade experimentava um boom sem precedentes. Wall Street se tornara o coração pulsante das finanças globais, atraindo investidores de todos os cantos do mundo. A especulação no mercado de ações era desenfreada, com muitas pessoas investindo na bolsa com a expectativa de lucros rápidos e fáceis.

Socialmente, Nova York era um caldeirão fervilhante de mudanças. A emancipação feminina ganhava força, refletida na moda das flappers — mulheres jovens que desafiavam as normas tradicionais com seus vestidos curtos, cabelos curtos e comportamento audacioso. Arquitetonicamente, a cidade se transformava com a construção de arranha-céus emblemáticos como o Chrysler Building e, pouco depois, o Empire State Building.

No cinema, Hollywood estava começando a dominar, mas Nova York ainda era um importante centro para o teatro e a produção cinematográfica. A música vivia a era do jazz, com o Harlem Renaissance trazendo uma explosão de criatividade artística e cultural. Automóveis como o Ford Modelo T se tornaram símbolos de liberdade e progresso, enquanto a literatura florescia com autores como F. Scott Fitzgerald e Ernest Hemingway, capturando o espírito da época em suas obras.

Entre 1924 e 1929, a bolsa de valores de Nova York experimentou uma valorização sem precedentes. A economia americana, impulsionada pela demanda europeia por bens de consumo e pela inovação tecnológica, parecia invencível. O crédito fácil e a especulação desenfreada levaram os preços das ações a níveis exorbitantes.

Os investidores compravam ações a crédito, um processo conhecido como "comprar a margem", onde apenas uma fração do valor das ações era paga com dinheiro próprio, enquanto o restante era financiado por empréstimos. Essa prática inflacionou artificialmente os preços das ações e criou uma bolha especulativa gigantesca.

Irving Fisher, um renomado economista americano, personificou o otimismo desenfreado da época. Professor da Universidade de Yale e um dos economistas mais influentes de seu tempo, Fisher era conhecido por suas teorias sobre o valor do dinheiro e os ciclos econômicos. Pouco antes do crash, ele declarou que "os preços das ações atingiram o que parece ser um platô permanentemente alto". Essa confiança refletia o sentimento geral de que a prosperidade era ilimitada e que o mercado de ações continuaria a subir indefinidamente.

O colapso começou em 24 de outubro de 1929, conhecido como a "Quinta-feira Negra". Naquele dia, o mercado entrou em pânico, com investidores vendendo freneticamente suas ações. O índice Dow Jones Industrial Average caiu 11% em um único dia. Bancos e corretoras tentaram intervir comprando grandes volumes de ações para estabilizar o mercado, mas o esforço foi em vão.

A venda em pânico continuou na segunda, 28 de outubro, e na terça-feira, 29 de outubro. Nesses dias, o mercado perdeu mais 12% e 13% de seu valor, respectivamente. O sentimento nas ruas de Nova York era de desespero e caos.

As manchetes dos jornais refletiam a gravidade da situação, com relatos de investidores arruinados e filas intermináveis em frente aos bancos.

Muitas pessoas ricas e famosas perderam fortunas no crash. Winston Churchill, que estava visitando os Estados Unidos na época, testemunhou o colapso e perdeu uma parte significativa de seus investimentos. William C. Durant, fundador da General Motors, viu sua fortuna evaporar. Outras figuras proeminentes, como o industrial Samuel Insull e o magnata dos cinemas Marcus Loew, também enfrentaram grandes perdas.

Nem todos foram vítimas do crash. Alguns investidores conseguiram prever o colapso e proteger suas fortunas. Charles Chaplin, o famoso ator e cineasta, vendeu suas ações pouco antes da queda. Jesse Livermore, um conhecido especulador, lucrou milhões ao vender ações a descoberto. Joseph P. Kennedy, o patriarca da família Kennedy e pai do presidente assassinado, também se saiu bem, tendo liquidado grande parte de suas posições antes do colapso.

Joseph P. Kennedy foi uma figura central durante esse período. Nascido em uma família de imigrantes irlandeses, ele começou sua carreira no mercado financeiro em Boston antes de se mudar para Wall Street. Kennedy foi um investidor astuto, conhecido por sua habilidade em identificar tendências do mercado. Após o crash, ele foi nomeado pelo presidente Franklin D. Roosevelt para chefiar a recém-criada Securities and Exchange Commission (SEC), onde implementou importantes reformas para regular o mercado de ações e proteger os investidores.

O crash de 1929 e a subsequente Grande Depressão levaram a uma série de reformas no sistema financeiro americano. O Glass-Steagall Act de 1933 separou as atividades bancárias comerciais das atividades bancárias de investimento, visando reduzir o risco sistêmico. A separação das atividades bancárias comerciais e de investimento foi projetada para criar uma barreira entre os dois tipos de atividades, minimizando o risco de que as falhas no mercado de capitais afetassem diretamente os bancos comerciais e, por extensão, os depositantes.

A Federal Deposit Insurance Corporation (FDIC) foi criada para garantir os depósitos bancários e restaurar a confiança no sistema bancário. Antes da FDIC, os depósitos bancários não eram garantidos, o que significava que em caso de falência do banco, os depositantes podiam perder todas as suas economias. Com a criação da FDIC, os depósitos bancários passaram a ser segurados pelo governo federal até um certo limite, o que ajudou a estabilizar o sistema bancário e a prevenir corridas bancárias, onde muitos depositantes tentam retirar seu dinheiro simultaneamente, provocando a falência do banco.

A quantidade de quebras de bancos e corretoras foi devastadora. Milhares de instituições financeiras faliram nos anos seguintes ao crash, exacerbando a crise econômica. A falta de confiança no sistema financeiro levou a uma contração drástica do crédito, o que, por sua vez, resultou em um declínio acentuado na produção industrial, no aumento do desemprego e na queda do PIB.

O mercado de ações dos Estados Unidos levou muitos anos para se recuperar dos efeitos do crash de 1929. O índice Dow Jones, que atingiu seu pico em setembro de 1929, não voltou aos níveis anteriores ao crash até novembro de 1954, mais de 25 anos depois. Essa recuperação prolongada reflete a profundidade e a extensão do impacto econômico causado pela Grande Depressão. Durante esse período, a economia dos EUA enfrentou desafios imensos, incluindo uma década de recessão e recuperação gradual.

As consequências financeiras do crash foram profundas e de longo alcance. A Grande Depressão que se seguiu foi caracterizada por um desemprego massivo, com milhões de americanos perdendo seus empregos e suas casas. A crise econômica se espalhou globalmente, afetando economias na Europa, América Latina e Ásia.

Em resposta à crise, o presidente Franklin D. Roosevelt implementou o New Deal, um conjunto de programas e políticas destinados a promover a recuperação econômica e fornecer alívio aos afetados pela depressão. O New Deal incluiu grandes investimentos em infraestrutura, reformas no mercado de trabalho e a criação de uma rede de segurança social para apoiar os desempregados e os pobres.

John Maynard Keynes, um economista britânico, desempenhou um papel crucial no desenvolvimento das políticas do New Deal. Keynes argumentou que em tempos de recessão econômica, o governo deveria aumentar seus gastos para estimular a demanda e criar empregos. Suas ideias influenciaram significativamente as políticas econômicas de Roosevelt e ajudaram a moldar a resposta global à Grande Depressão.

O Bank for International Settlements (BIS), também começou a discutir a estabilidade do sistema financeiro internacional nesse período. O BIS foi criado para facilitar a cooperação entre os bancos centrais e promover a estabilidade financeira global. Sediado em Basileia, na Suíça, o BIS foi uma resposta à necessidade de um fórum internacional para discutir políticas monetárias e financeiras. Durante a crise, o BIS serviu como um fórum para a discussão de políticas e estratégias para mitigar os efeitos da depressão e prevenir futuras crises financeiras. Um dos acordos mais importantes desenvolvidos pelo BIS foi o Acordo de Basileia, que ao ser publicado décadas depois estabeleceu padrões internacionais para a regulamentação bancária, especialmente em termos de requisitos de capital e risco, fortalecendo a resiliência do sistema financeiro global.

As reformas no sistema financeiro americano incluíram a implementação do Glass-Steagall Act e a criação da FDIC, mas também levaram a uma regulamentação mais rigorosa do mercado de valores mobiliários. A Securities Act de 1933 e a Securities Exchange Act de 1934 estabeleceram a SEC e introduziram requisitos de divulgação e transparência para as empresas cotadas em bolsa. Essas medidas foram projetadas para proteger os investidores e restaurar a confiança no mercado de capitais.

O Glass-Steagall Banking Act perdurou até o ano de 1999, quando foi revogado pelo Gramm-Leach-Bliley Act, também conhecido como Financial Services Modernization Act. Esta revogação permitiu que bancos comerciais, bancos de investimento e companhias de seguros se fundissem e oferecessem uma gama combinada de serviços financeiros. A mudança visava aumentar a eficiência e a competitividade no setor financeiro. No entanto, a revogação do Glass-Steagall é frequentemente associada à crise financeira de 2007-2008, uma vez que a maior interconexão e complexidade das instituições financeiras resultaram em riscos sistêmicos significativos.

O impacto do crash de 1929 e as reformas subsequentes moldaram o sistema financeiro moderno. O colapso serviu como um lembrete poderoso dos perigos da especulação desenfreada e da falta de regulamentação, enquanto as reformas ajudaram a criar um sistema mais robusto e resiliente. O próximo capítulo abordará a necessidade de formas mais estruturadas de avaliar ações, destacando o papel de robustas metodologias de precificação na diminuição de crises financeiras futuras.

Do Colapso à Racionalidade: O Impacto de Benjamin Graham na Prática de Investimentos

O CRASH DE 1929 foi, justa ou injustamente parcialmente atribuído à análise gráfica, baseada na teoria de Charles Dow. Essa abordagem, que se focava em gráficos e padrões de preços para prever movimentos de mercado, não conseguiu capturar a fragilidade subjacente e a falta de fundamentos sólidos das empresas. Quando o mercado entrou em colapso, a dependência excessiva da análise gráfica, que não considerava adequadamente o valor intrínseco dos ativos, exacerbou a crise.

Esse cenário desastroso gerou uma demanda urgente por metodologias mais robustas e fundamentadas na avaliação de ativos. Foi nesse ambiente turbulento que surgiu Benjamin Graham, cuja abordagem revolucionária viria a transformar o mundo das finanças.

Benjamin Graham nasceu em Londres em 1894 e imigrou para os Estados Unidos com sua família em 1896. Cresceu em Nova York, onde se destacou academicamente e desenvolveu uma paixão por matemática e finanças. Estudou na Universidade de Columbia, onde se formou em 1914. Sua carreira começou como analista de mercado e investidor, acumulando uma vasta experiência prática que moldaria sua futura abordagem à análise financeira.

Durante a Primeira Guerra Mundial, Graham trabalhou como analista e gerente de investimentos, desenvolvendo uma profunda compreensão das finanças e dos mercados. Em 1926, Graham fundou a Graham-Newman Corporation com Jerry Newman, que se tornou um laboratório para suas ideias e práticas inovadoras. Graham começou a ensinar na Universidade de Columbia em 1928, onde teve a oportunidade de compartilhar suas ideias revolucionárias sobre investimento e análise financeira. Sua influência cresceu rapidamente, e suas aulas eram procuradas por estudantes que buscavam uma abordagem mais racional e fundamentada para os investimentos. Entre seus alunos estava Warren Buffett, que mais tarde se tornaria um dos investidores mais bem-sucedidos e proeminentes do mundo.

Em 1934, Graham, junto com David Dodd, publicou *"Security Analysis"*, um trabalho seminal que estabeleceu as bases da análise fundamentalista. O livro abordava técnicas detalhadas para avaliar o valor intrínseco dos ativos e era uma resposta direta à especulação desenfreada que havia caracterizado o mercado antes do crash de 1929. *"Security Analysis"* enfatizava a importância de avaliar os fundamentos financeiros das empresas, como lucros, receitas, ativos e passivos, para determinar seu valor real.

Graham continuou a expandir suas ideias em *"The Intelligent Investor"*, publicado em 1949. Este livro foi projetado para um público mais amplo e tornou os princípios da análise fundamentalista acessíveis para investidores individuais. *"The Intelligent Investor"* enfatizava a importância da disciplina e da paciência no investimento, abordando conceitos como a margem de segurança e a diferença entre investimento e especulação.

O livro também introduziu o conceito de "investidor defensivo" e "investidor empreendedor". O investidor defensivo busca investimentos de baixo risco e estabilidade, enquanto o investidor empreendedor está disposto a dedicar mais tempo e esforço para buscar oportunidades de alto retorno. Graham advogava que os investidores deveriam adotar uma abordagem sistemática e racional, resistindo à tentação da especulação e mantendo o foco nos fundamentos financeiros.

A relação entre Benjamin Graham e Warren Buffett é um dos capítulos mais notáveis na história dos investimentos. Buffett estudou sob a orientação de Graham na Universidade de Columbia e foi profundamente influenciado por suas ideias. Buffett, que se tornou um dos investidores mais bem-sucedidos e respeitados do mundo, incorporou muitos dos princípios de Graham em sua própria abordagem de investimento. Buffett elogiou *"The Intelligent Investor"* como um dos melhores livros sobre investimentos já escritos. Ele destacou que as lições de Graham sobre a análise de valor e a importância da margem de segurança foram fundamentais para sua filosofia de investimento. Em suas cartas anuais aos acionistas da Berkshire Hathaway, Buffett frequentemente faz referência aos ensinamentos de Graham e expressa sua gratidão pela influência que teve em sua carreira.

Benjamin Graham deixou um legado de sabedoria em forma de frases marcantes que encapsulam sua filosofia de investimento. Entre elas está: "O mercado de ações é um concurso de popularidade no curto prazo e a balança da justiça no longo prazo." Graham sugeria que no curto prazo, o mercado reflete as emoções e o comportamento coletivo dos investidores, enquanto no longo prazo, os fundamentos das empresas determinam o verdadeiro valor das ações.

Outra frase importante é: "Em finanças, os números não falam por si mesmos. Eles têm que ser interpretados e colocados em contexto." Esta frase destaca a importância da análise crítica e contextual dos dados financeiros. "O sucesso é obtido por aqueles que fazem as coisas do jeito certo e no momento certo." Graham enfatizava a importância de realizar um trabalho de análise cuidadoso e de escolher o momento certo para investir.

"Não existe um bom negócio, apenas um bom preço para um negócio." Graham acreditava que não era suficiente encontrar uma empresa com bom potencial; era crucial comprar essa empresa a um preço que oferecesse uma margem de segurança adequada. "A verdadeira segurança no investimento vem da diversificação e do valor, e não da especulação e da sorte." Esta frase reflete a crença de Graham de que a diversificação e a compra de ativos subvalorizados são a chave para reduzir riscos e obter retornos estáveis.

"Os investidores devem ter a coragem de fazer uma análise rigorosa e, se necessário, tomar decisões difíceis." Graham encorajava os investidores a aplicar uma análise rigorosa e a não temer tomar decisões impopulares se isso significasse proteger seus investimentos. "O valor de uma ação deve ser estimado em termos de sua capacidade de gerar lucro no futuro, e não no passado. "Graham enfatizava que a avaliação de uma ação deve ser baseada na análise de suas perspectivas futuras, e não apenas em seu desempenho passado.

“O investidor inteligente é aquele que analisa a empresa e não o mercado, e que mantém sua cabeça fria enquanto o mercado está agitado." Graham enfatiza a importância de focar nos fundamentos das empresas e manter a calma em momentos de volatilidade do mercado.

O trabalho de Benjamin Graham moldou profundamente a prática moderna de investimentos e a análise financeira. Suas ideias sobre a análise fundamentalista, a margem de segurança e a disciplina no investimento continuam a influenciar investidores e analistas financeiros até hoje. Em um mundo onde a especulação e o entusiasmo muitas vezes prevalecem, as lições de Graham permanecem como um farol de racionalidade e prática fundamentada, oferecendo orientações valiosas para aqueles que buscam construir uma carreira de sucesso no mercado financeiro.

SEÇÃO IV

DO FIM DA SEGUNDA GUERRA À ERA DIGITAL: A EVOLUÇÃO DO MERCADO FINANCEIRO GLOBAL

O Pós-Bretton Woods: Como Chicago Moldou os Mercados Futuros de Moedas

Após a devastação e o caos da Segunda Guerra Mundial, o mundo se preparava para uma nova ordem global. O conflito havia deixado uma marca indelével, e líderes internacionais estavam determinados a evitar a repetição dos erros do passado, criando um sistema que fomentasse a estabilidade econômica e a cooperação global. A reconstrução não se limitava à reconstrução física dos países devastados; também era necessário um novo arranjo econômico que pudesse sustentar uma era de paz e prosperidade duradouras.

O fim da Segunda Guerra Mundial levou à criação de várias instituições internacionais fundamentais. A Organização das Nações Unidas (ONU), estabelecida em 1945, buscava promover a paz e a segurança internacional, enquanto a Organização do Tratado do Atlântico Norte (OTAN), criada em 1949, focava na segurança coletiva dos países ocidentais contra a expansão soviética. No campo econômico, surgiram o Banco Mundial e o Fundo Monetário Internacional (FMI), que desempenhariam papéis centrais na nova ordem econômica global.

Em julho de 1944, a Conferência de Bretton Woods, realizada em New Hampshire, nos Estados Unidos, deu origem a um dos marcos mais importantes do pós-guerra: o Acordo de Bretton Woods. O acordo estabeleceu um sistema de câmbio fixo onde as moedas dos países participantes eram atreladas ao dólar americano, que, por sua vez, era lastreado em ouro a uma taxa fixa de 35 dólares por onça troy. Esse sistema visava promover a estabilidade cambial e facilitar o comércio internacional, criando um ambiente previsível e ordenado para os negócios globais.

O FMI, criado para apoiar a estabilidade monetária global, desempenhava um papel crucial dentro desse sistema. Ele fornecia assistência financeira aos países que enfrentavam dificuldades para manter suas moedas dentro dos limites estabelecidos pelo acordo. No entanto, ao longo das décadas, o sistema de Bretton Woods começou a enfrentar desafios significativos. A pressão sobre o dólar, devido a inflação e déficits crescentes nos Estados Unidos, tornou o lastro em ouro cada vez mais insustentável.

Em 15 de agosto de 1971, o presidente Richard Nixon anunciou a suspensão da convertibilidade do dólar em ouro, efetivamente rompendo o sistema de Bretton Woods. Esse momento marcou uma mudança fundamental na economia global. Sem o lastro em ouro, os EUA e o mundo passaram a operar em um sistema de câmbio flutuante. O dólar, agora livre para flutuar, conferiu aos EUA uma vantagem econômica significativa. Eles puderam expandir sua oferta monetária e financiar déficits sem a necessidade de manter reservas de ouro equivalentes.

No entanto, essa nova flexibilidade também trouxe desafios. A ausência de uma âncora como o ouro resultou em maior volatilidade nas taxas de câmbio, tornando as transações internacionais mais arriscadas e complexas. Esse cenário de incerteza destacou a necessidade de novos instrumentos para gerenciar o risco cambial.

Foi nesse contexto que a cidade de Chicago, já reconhecida por sua liderança em mercados futuros e negociações de ativos agrícolas, emergiu como um centro crucial para a inovação financeira. A Bolsa de Mercadorias de Chicago (Chicago Mercantile Exchange, CME), uma das principais bolsas de futuros do mundo, desempenhou um papel pioneiro no desenvolvimento e lançamento dos contratos futuros de moedas.

Antes do fim do sistema de Bretton Woods, Chicago já havia se estabelecido como um centro de negociação de contratos futuros em commodities, como grãos e gado. Com a volatilidade crescente nas taxas de câmbio após o colapso do sistema de câmbio fixo, surgiu a necessidade de ferramentas financeiras que permitissem às empresas e investidores proteger suas exposições cambiais e gerenciar o risco associado às flutuações nas taxas de câmbio. Chicago, com sua experiência em contratos futuros, estava bem posicionada para atender a essa demanda emergente.

Em 1972, a CME lançou o primeiro contrato futuro de moeda, oferecendo uma maneira eficaz de se proteger contra as variações nas taxas de câmbio. Esses contratos permitiram que empresas e investidores fixassem preços futuros para transações em moedas estrangeiras, oferecendo uma forma de "hedge" contra o risco cambial. A inovação trouxe maior previsibilidade e estabilidade para o comércio internacional, ajudando a suavizar os impactos das flutuações cambiais e melhorando a eficiência dos mercados financeiros globais.

Os contratos futuros de moedas rapidamente se tornaram uma ferramenta essencial para a gestão de risco no ambiente de câmbio flutuante. Eles proporcionaram uma maneira estruturada e transparente de negociar o risco cambial, permitindo que empresas e investidores planejassem e protegessem suas operações internacionais de forma mais eficaz. A capacidade de negociar contratos futuros de moedas ajudou a estabilizar o comércio internacional e a promover a confiança no sistema financeiro global.

Com a evolução do mercado financeiro e a introdução de contratos futuros de moedas, o FMI também passou por uma transformação significativa. Inicialmente criado para fornecer assistência financeira para manter um regime de câmbio fixo, o FMI adaptou suas funções para refletir a nova realidade de câmbio flutuante. Hoje, o FMI se concentra em fornecer recursos para países que enfrentam crises de balanço de pagamentos e dificuldades em captar recursos no mercado internacional. A instituição oferece apoio financeiro e técnico para ajudar países a estabilizar suas economias e promover o crescimento sustentável.

O Acordo de Bretton Woods e o subsequente colapso do sistema de câmbio fixo revelam a complexidade e a interconexão da economia global. O sistema de câmbio fixo trouxe uma era de estabilidade e previsibilidade, mas as mudanças econômicas e políticas levaram à adaptação e inovação. A emergência de contratos futuros de moedas em Chicago e a transformação do FMI refletem a capacidade de resposta do sistema financeiro global às novas realidades e desafios econômicos.

O Legado de Markowitz: A Teoria que Transformou o Mundo dos Investimentos

Nem só de mercados futuros vive Chicago. A cidade, conhecida por sua Bolsa de Mercadorias, é também o local de nascimento de Harry Markowitz, um dos mais influentes nomes no mundo dos investimentos. Nascido em 24 de agosto de 1927, Markowitz não só revolucionou a forma como pensamos sobre investimentos, mas também introduziu uma abordagem científica e quantitativa que transformou a gestão de portfólios.

Harry Markowitz cresceu em Chicago, onde desenvolveu um interesse inicial por economia. Ele prosseguiu seus estudos na Universidade de Chicago, uma instituição renomada que abrigava alguns dos mais brilhantes economistas da época. Foi lá que Markowitz obteve seu bacharelado e, posteriormente, seu doutorado em economia. Durante seu tempo na universidade, ele foi fortemente influenciado pelas ideias de Milton Friedman e outros economistas de destaque, o que moldou sua visão sobre o mercado financeiro.

Depois de concluir seus estudos, Markowitz trabalhou na RAND Corporation, um *think tank* onde ele teve a oportunidade de aplicar suas habilidades matemáticas em problemas práticos de pesquisa operacional. Sua experiência na RAND foi crucial para o desenvolvimento de suas ideias inovadoras sobre a otimização de portfólios. Na RAND, ele trabalhou ao lado de cientistas e matemáticos brilhantes, resolvendo problemas complexos para o governo dos EUA e grandes corporações. Esse ambiente estimulante e colaborativo ajudou a refinar suas habilidades analíticas e a aprofundar sua compreensão dos desafios econômicos e financeiros.

Antes de Markowitz, o mundo dos investimentos era dominado pela seleção individual de ativos. Investidores e analistas focavam principalmente na análise gráfica e na análise fundamentalista, conforme delineado por Benjamin Graham. Graham, frequentemente referido como o pai da análise fundamentalista, enfatizava a importância de avaliar os fundamentos financeiros de uma empresa antes de investir. Esta abordagem, embora valiosa, tratava cada ativo de forma isolada, sem considerar as inter-relações entre diferentes investimentos. A análise gráfica, por outro lado, envolvia o estudo de padrões históricos de preços para prever movimentos futuros, mas também era limitada ao considerar cada ativo individualmente.

A grande inovação de Markowitz surgiu em meados da década de 1950, durante seu doutorado na Universidade de Chicago. Seu orientador, Jacob Marschak, o incentivou a explorar novas áreas de pesquisa. Há uma lenda interessante sobre como a teoria do portfólio começou a tomar forma. Certa vez, enquanto esperava para ser atendido por seu orientador, Markowitz encontrou um professor da escola de negócios que mencionou a possibilidade de aplicar suas habilidades em pesquisa operacional ao campo de investimentos. Essa conversa fortuita levou Markowitz a perceber que os métodos de otimização que ele estava estudando poderiam ser aplicados à seleção de portfólios de investimentos.

Inspirado por essa ideia, Markowitz começou a desenvolver o que se tornaria a teoria das carteiras. Ele argumentou que os investidores deveriam considerar não apenas o retorno esperado de um ativo, mas também seu risco e, crucialmente, como ele se correlaciona com outros ativos no portfólio. Através de técnicas matemáticas de otimização, ele demonstrou que é possível construir portfólios eficientes, onde o risco é minimizado para um dado nível de retorno esperado, ou o retorno é maximizado para um dado nível de risco.

A teoria de Markowitz se baseia em alguns conceitos-chave: o risco, medido pela variância ou desvio padrão dos retornos de um ativo; o retorno esperado, que é a média ponderada dos retornos possíveis de um ativo; e a correlação, que indica como os retornos de diferentes ativos se movem em relação uns aos outros. Ao combinar ativos com diferentes correlações, um investidor pode reduzir o risco total do portfólio. A "fronteira eficiente" é o conjunto de portfólios que oferecem o maior retorno esperado para um dado nível de risco. Essa abordagem quantitativa permitiu que os investidores visualizassem claramente as trade-offs entre risco e retorno, levando a decisões de investimento mais informadas e estratégicas.

A abordagem tradicional de seleção individual de ativos focava exclusivamente em encontrar os melhores ativos isoladamente. A teoria de portfólios de Markowitz, por outro lado, enfatiza a importância da diversificação e das inter-relações entre ativos. Esta mudança de paradigma mostrou que um portfólio bem diversificado pode oferecer melhores características de risco-retorno do que qualquer ativo individual. A diversificação, ao distribuir o risco entre diferentes ativos, ajuda a proteger o investidor contra a volatilidade de qualquer ativo específico, proporcionando uma estratégia de investimento mais resiliente e robusta.

A importância do trabalho de Markowitz foi reconhecida internacionalmente quando ele foi agraciado com o Prêmio Nobel de Ciências Econômicas em 1990, compartilhado com Merton Miller e William Sharpe. Este prêmio destacou a relevância de suas contribuições para a teoria financeira moderna. A honra do Prêmio Nobel não só solidificou o status de Markowitz como um dos maiores pensadores em finanças, mas também destacou a importância da pesquisa acadêmica rigorosa e inovadora para o avanço do conhecimento econômico.

A teoria de Markowitz teve um impacto profundo em analistas, gestores de fundos e alocadores de recursos. Ela forneceu uma base científica para a construção de portfólios diversificados e para a gestão de risco. Gestores de fundos passaram a utilizar modelos quantitativos para construir portfólios eficientes, alinhando suas estratégias de investimento com os princípios estabelecidos por Markowitz. Isso levou a uma maior profissionalização e sofisticação na gestão de investimentos, onde decisões baseadas em intuição foram substituídas por estratégias fundamentadas em dados e análises rigorosas.

A aplicação prática da teoria de Markowitz foi inicialmente limitada pela complexidade dos cálculos necessários. No entanto, com o avanço da tecnologia computacional, tornou-se possível realizar os complexos cálculos de otimização de portfólios de forma mais eficiente. Softwares de gerenciamento de investimentos começaram a incorporar esses modelos, permitindo que gestores de portfólios aplicassem as técnicas de Markowitz de maneira prática e em larga escala. A capacidade de processar grandes volumes de dados e realizar cálculos complexos rapidamente permitiu que os princípios de diversificação e otimização de portfólios fossem aplicados em tempo real, transformando a maneira como os mercados financeiros operam.

Um ponto significativo em sua carreira foi seu trabalho na IBM. Durante um período de sua carreira, Markowitz foi contratado pela IBM, onde trabalhou no desenvolvimento de algoritmos de otimização e aplicou seus conhecimentos de pesquisa operacional para resolver problemas práticos. A experiência na IBM não só proporcionou a Markowitz uma plataforma para aplicar e testar suas teorias em um ambiente corporativo, mas também lhe deu a oportunidade de trabalhar com tecnologia de ponta, o que facilitou ainda mais o avanço de suas pesquisas em teoria de portfólios. A colaboração com a IBM ajudou a solidificar a ponte entre teoria acadêmica e aplicação prática, mostrando como as ideias de Markowitz poderiam ser implementadas para resolver problemas reais de negócios e finanças.

O trabalho de Markowitz inspirou uma geração de economistas e pesquisadores em finanças. Entre eles estão William Sharpe, que desenvolveu o Modelo de Precificação de Ativos de Capital (CAPM), e Eugene Fama, conhecido por sua hipótese de mercados eficientes. Ambos os pesquisadores expandiram os conceitos introduzidos por Markowitz, contribuindo ainda mais para o campo das finanças. Sharpe, em particular, usou os fundamentos estabelecidos por Markowitz para desenvolver uma teoria abrangente que explica como os ativos são precificados no mercado, levando em consideração tanto o risco sistemático quanto o não sistemático. Fama, por sua vez, explorou como as informações são refletidas nos preços dos ativos, propondo que os mercados são eficientes e que os preços dos ativos refletem todas as informações disponíveis.

A história de Harry Markowitz é um testemunho do poder das ideias e da serendipidade. Desde suas origens humildes em Chicago até a recepção do Prêmio Nobel, a trajetória de Markowitz exemplifica como uma conversa casual e um momento de espera podem levar a descobertas revolucionárias. Sua teoria de portfólios transformou a gestão de investimentos, introduzindo uma abordagem científica e quantitativa que continua a influenciar a forma como os ativos são gerenciados e combinados. Hoje, a diversificação e a otimização de portfólios são princípios fundamentais na indústria financeira, um legado duradouro do trabalho pioneiro de Harry Markowitz.

Além do impacto direto no mundo financeiro, a teoria de Markowitz também influenciou outras disciplinas e áreas de estudo. Seus conceitos de risco, retorno e correlação são aplicáveis em campos tão diversos quanto a gestão de projetos, a análise de políticas públicas e a pesquisa científica. A metodologia de Markowitz para a tomada de decisões sob incerteza e a otimização de resultados tem relevância para qualquer área que lide com a análise de trade-offs entre diferentes opções.

A disseminação da teoria de Markowitz foi acelerada por seu envolvimento contínuo na academia e na indústria. Ele continuou a ensinar e a publicar artigos, ajudando a formar a próxima geração de economistas e profissionais financeiros. Muitos de seus alunos e colaboradores seguiram para fazer contribuições significativas próprias, perpetuando e expandindo a influência de suas ideias.

Os anos 1970 e 1980 viram uma explosão no uso de técnicas quantitativas em finanças, muitas das quais se baseavam nos princípios estabelecidos por Markowitz. O desenvolvimento de novos produtos financeiros, como opções, bem como a crescente complexidade dos mercados financeiros globais, exigiu abordagens cada vez mais sofisticadas para a gestão de riscos. A teoria do portfólio de Markowitz proporcionou a base teórica e metodológica para muitas dessas inovações.

Crise do Petróleo e os Choques Econômicos: Da Estagflação à Reestruturação da Dívida

Nos anos 70, o petróleo se configurava como o epicentro da economia global, não apenas como um recurso estratégico, mas como um fator determinante para o funcionamento de economias modernas e industrializadas. O petróleo era, e ainda é, um recurso vital que alimenta uma vasta gama de setores econômicos e industriais. Em um período em que a industrialização estava em plena expansão, o petróleo não só impulsionava a mobilidade e o transporte, mas também desempenhava um papel crucial na produção de energia e na fabricação de produtos diversos, desde plásticos até fertilizantes. O consumo de petróleo se estendia de forma significativa ao setor automobilístico, onde se tornava uma peça-chave no funcionamento das economias nacionais.

A década de 1970 foi marcada por um aumento exponencial na demanda por combustíveis fósseis, especialmente em países industrializados. O crescimento da produção e da posse de automóveis, combinado com a expansão das redes rodoviárias e a crescente demanda por transporte pessoal, resultou em um aumento significativo no consumo de petróleo. Nos Estados Unidos, por exemplo, o número de veículos em circulação dobrou entre 1970 e 1980, e com isso, o consumo de gasolina e diesel disparou. A dependência do petróleo como fonte de energia para veículos era evidente, com a gasolina sendo o combustível predominante para a grande maioria dos automóveis e caminhões. A demanda contínua e crescente por petróleo era um reflexo do estilo de vida urbano em expansão e da economia orientada para o consumo, onde o transporte e a mobilidade eram vistos como elementos fundamentais para o crescimento e a prosperidade.

Além disso, a indústria automobilística estava em rápida expansão, impulsionada por inovações tecnológicas e pela crescente acessibilidade dos veículos. O aumento da produção de automóveis não só elevou a demanda por combustíveis fósseis, mas também acentuou a necessidade de infraestruturas de abastecimento e distribuição. O petróleo, portanto, era não apenas uma matéria-prima crucial, mas um componente central para o funcionamento eficiente da economia global. A interdependência entre o crescimento econômico, a industrialização e o consumo de petróleo moldaram a dinâmica econômica da década de 70, estabelecendo um cenário propenso a choques e perturbações significativas quando surgissem crises no fornecimento de petróleo.

O Oriente Médio, com suas vastas reservas de petróleo, tornou-se o epicentro da produção global, tornando-se um foco estratégico não só por sua riqueza mineral, mas também por suas complexas divisões religiosas, culturais e políticas. A região é marcada por uma profusão de tradições e conflitos religiosos, com divisões profundas, e rivalidades territoriais que frequentemente resultam em tensões e conflitos. Essas divisões, combinadas com a importância estratégica dos recursos petrolíferos, criaram um ambiente de instabilidade e complexidade política que teve repercussões globais.

A Guerra dos Seis Dias de 1967 foi um evento crucial que moldou a geopolítica do Oriente Médio. Israel, em uma ofensiva rápida e decisiva, derrotou Egito, Jordânia e Síria, alterando o equilíbrio de poder na região. A vitória israelense resultou na ocupação de territórios estratégicos, como a Cisjordânia e as Colinas de Golã, e gerou um ressentimento profundo nos estados árabes. Esse ressentimento culminou na Guerra do Yom Kippur de 1973, quando Egito e Síria lançaram um ataque surpresa contra Israel durante o Yom Kippur, o dia mais sagrado do calendário judaico.

A Guerra do Yom Kippur foi acompanhada por um alinhamento global em lados opostos. Os Estados Unidos, apoiados por aliados da OTAN, deram suporte a Israel, enquanto a União Soviética e seus aliados comunistas ofereceram assistência aos estados árabes. A tensão internacional resultante exacerbou a instabilidade na região e afetou diretamente o mercado de petróleo.

Nesse contexto de conflito, a Organização dos Países Exportadores de Petróleo (OPEP) tomou uma decisão crucial em 1973. Em resposta ao apoio ocidental a Israel, a OPEP impôs um embargo petrolífero, interrompendo as exportações de petróleo para os países que apoiavam Israel. Essa decisão teve um impacto dramático: os preços do petróleo saltaram de cerca de 3 dólares por barril para mais de 12 dólares, um aumento de quatro vezes em um período muito curto. O choque do petróleo resultante levou a uma inflação global e a uma desaceleração econômica, com escassez de energia e aumento dos custos de vida.

O impacto da primeira crise do petróleo foi apenas um prelúdio para uma crise ainda mais profunda que se desenrolaria em 1979. A Revolução Islâmica no Irã, que culminou com a deposição do xá Mohammad Reza Pahlavi e a ascensão do Aiatolá Ruhollah Khomeini, trouxe uma nova dimensão ao mercado de petróleo. O novo regime iraniano, com uma postura hostil em relação ao Ocidente e um desejo de desafiar a ordem estabelecida, interrompeu abruptamente as exportações de petróleo do Irã. A interrupção das exportações iranianas exacerbou a crise do petróleo, com os preços subindo novamente, alcançando mais de 39 dólares por barril. Essa segunda crise aprofundou ainda mais a inflação e as dificuldades econômicas que já estavam em curso.

Durante essas crises, o conceito de estagflação emergiu como um dos maiores desafios para as autoridades monetárias. A estagflação é um fenômeno econômico em que a inflação alta e o crescimento econômico baixo ocorrem simultaneamente. Esse cenário é particularmente temido porque combina a dificuldade de controlar a inflação com a frustração de uma economia estagnada. Nos Estados Unidos, a inflação atingiu picos alarmantes, com uma taxa de 13,5% em 1980. O crescimento econômico foi fraco e o desemprego aumentou, criando um ambiente econômico adverso e difícil de controlar.

Paul Volcker, nomeado presidente do Federal Reserve em 1979, tornou-se uma figura central na luta contra a inflação. Conhecido por sua abordagem rigorosa e decisiva, Volcker implementou uma política monetária agressiva para combater a inflação. Ele elevou as taxas de juros a níveis historicamente altos, com a taxa de juros subindo para mais de 20% no início dos anos 80. Essa política visava controlar a inflação, mas também teve efeitos colaterais significativos. A alta dos juros teve um impacto profundo na economia dos EUA e nas economias globais.

Entre os efeitos mais notáveis dessa política estava a crise das *savings and loans*. As *savings and loans*, ou associações de poupança e empréstimo, eram instituições financeiras que ofereciam empréstimos imobiliários com taxas fixas. Esses empréstimos eram geralmente de longo prazo, com prazos que podiam se estender por 20 a 30 anos, e as taxas de juros eram fixas ao longo do período. As *savings and loans* financiavam esses empréstimos usando depósitos de curto prazo, cujas taxas de juros eram ajustadas de acordo com as condições do mercado.

Quando o Federal Reserve aumentou as taxas de juros para combater a inflação, as *savings and loans* enfrentaram um problema significativo. As taxas de juros que ofereciam em depósitos precisavam ser ajustadas para acompanhar as novas condições de mercado, mas isso criava um desequilíbrio com os empréstimos imobiliários de longo prazo que haviam sido fixados a taxas mais baixas. Esse descompasso entre as taxas de captação e as taxas de empréstimo resultou em um déficit significativo, pois as instituições enfrentaram uma pressão financeira crescente para oferecer juros mais altos em depósitos enquanto recebiam pagamentos de juros mais baixos em seus empréstimos imobiliários existentes.

Além disso, a crise das *savings and loans* foi exacerbada por uma série de práticas de gestão inadequadas e de riscos excessivos. Muitas dessas instituições estavam envolvidas em práticas de empréstimos imprudentes e na aquisição de ativos de baixo valor. Essas práticas, combinadas com a falta de supervisão regulatória eficaz, contribuíram para o colapso de muitas *savings and loans*. A crise resultou em uma onda de falências, e o governo dos EUA foi forçado a intervir com pacotes de resgate significativos.

O impacto da crise das *savings and loans* foi profundo e sistêmico. As falências em massa resultaram em uma crise financeira que afetou a estabilidade do sistema bancário e gerou um risco de crédito generalizado. A intervenção do governo foi essencial para estabilizar o setor e evitar um colapso ainda mais profundo. O governo dos EUA criou o *Resolution Trust Corporation* (RTC) para lidar com as instituições falidas e implementar reformas regulatórias significativas para melhorar a supervisão e a gestão das *savings and loans*.

Simultaneamente, a América Latina enfrentava uma crise de dívida devastadora. Durante a década de 70, muitos países latino-americanos haviam contraído empréstimos massivos com bancos internacionais, como o Citibank. Esses empréstimos eram frequentemente baseados em taxas flutuantes, como a LIBOR (*London Interbank Offered Rate*). A LIBOR é uma taxa de juros média oferecida pelos principais bancos para empréstimos interbancários e serve como referência para uma ampla gama de contratos financeiros.

Quando as taxas de juros globais subiram, o custo da dívida para os países latino-americanos aumentou significativamente. Muitos desses países estavam endividados em dólares e enfrentaram uma carga crescente de pagamento de juros devido ao aumento das taxas de juros internacionais. Isso levou a uma série de moratórias, com o México sendo o primeiro a declarar a moratória em 1982. Esse evento marcou o início de uma crise de dívida na América Latina, com vários países da região enfrentando dificuldades econômicas profundas e insolvência internacional.

A crise teve um impacto devastador nas economias da região. Os países endividados enfrentaram dificuldades para pagar suas dívidas, levando a uma crise de crédito que exacerbou a instabilidade econômica. A crise resultou em uma série de moratórias e reestruturações de dívida, com muitos países enfrentando insolvência e uma crise econômica prolongada. O contexto de alta dívida e baixa confiança dos investidores gerou um ambiente de risco elevado, o que levou a uma necessidade urgente de uma abordagem coordenada para resolver a crise.

A resposta internacional a essa crise culminou no Plano Brady, uma estratégia crucial para a reestruturação da dívida da América Latina. Nicholas Brady, nomeado Secretário do Tesouro dos EUA em 1988, desempenhou um papel essencial nesse processo. Brady, formado em Harvard e com uma carreira significativa no setor financeiro, desenvolveu um plano que envolvia a troca da dívida bancária existente por novos títulos, alguns dos quais garantidos pelo governo dos EUA e pelo Fundo Monetário Internacional (FMI).

O Plano Brady ofereceu aos países latino-americanos a oportunidade de trocar suas dívidas existentes por novos títulos com condições mais favoráveis. Esses títulos, conhecidos como Brady Bonds, foram estruturados para oferecer aos credores uma combinação de pagamentos de principal e juros, com garantias que mitigavam o risco de crédito. O plano também incluía o apoio do FMI e do governo dos EUA, que ajudaram a facilitar a reestruturação da dívida e a estabilizar as economias da região.

A implementação do Plano Brady teve um impacto significativo na maneira como a América Latina gerenciava sua dívida. Com o plano, a região conseguiu fazer a transição de um modelo de financiamento bancário para a emissão de títulos, permitindo um acesso mais eficiente aos mercados de capitais internacionais e facilitando a gestão da dívida. Essa mudança ajudou a restaurar a confiança dos investidores e permitiu que os países latino-americanos se reintegrassem ao sistema financeiro global.

O Plano Brady é amplamente reconhecido como um marco na abordagem internacional às crises de dívida soberana. Ele estabeleceu um precedente para a resolução de crises econômicas em países em desenvolvimento e influenciou as políticas futuras para lidar com crises financeiras. O sucesso do plano demonstrou a importância de soluções coordenadas e inovadoras para enfrentar desafios econômicos globais, oferecendo um modelo para as situações semelhantes que possam vir a acontecer.

A Reforma da Previdência no Chile

Além dos impactos profundos e duradouros da crise do petróleo na América Latina, que englobaram a crise da dívida e as subsequentes tensões econômicas, a região também se destacou por suas tentativas pioneiras de enfrentar um problema emergente que começava a comprometer a estabilidade dos modelos de previdência pública. À medida que as economias latino-americanas lutavam para se recuperar dos choques econômicos e financeiros, a sustentabilidade dos sistemas de previdência social tornou-se uma preocupação crescente. Muitos países enfrentavam déficits crescentes em seus sistemas de previdência, exacerbados por uma combinação de envelhecimento populacional, alta informalidade no mercado de trabalho e ineficiências administrativas.

O envelhecimento da população e a redução das taxas de natalidade criaram desequilíbrios significativos nos modelos de previdência pública baseados em repartição. Nesse sistema, os trabalhadores ativos financiam as aposentadorias dos inativos. Com menos jovens entrando no mercado de trabalho e uma população de aposentados crescendo, o número de contribuintes diminui enquanto o de beneficiários aumenta, resultando em déficits crescentes e desafios para a sustentabilidade do sistema. Em contraste, o modelo de capitalização, que é outra abordagem para a previdência, envolve a contribuição de uma porcentagem do salário de cada trabalhador para uma conta individual. Esses recursos são investidos ao longo do tempo e, ao se aposentar, o trabalhador utiliza os fundos acumulados para financiar sua própria aposentadoria.

Essa diferença fundamental entre os modelos de repartição e de capitalização gerou debates sobre a viabilidade de uma transição entre os dois. O Chile, por exemplo, fez essa transição nos anos 80, substituindo seu sistema de repartição por um modelo de capitalização individual. Embora a reforma tenha sido pioneira e oferecido novas perspectivas sobre a previdência, os resultados dessa mudança ainda são objeto de debate e análise, refletindo a complexidade e as implicações a longo prazo de tal transformação no sistema de previdência pública.

O Chile dos anos 70 e 80 é um palco de profundas transformações, onde a política e a economia se entrelaçam de maneira dramática. O cenário é estabelecido pela ascensão do socialista Salvador Allende ao poder em 1970, em uma eleição marcada pela divisão acirrada do eleitorado. Sua política econômica logo mergulha o país em uma crise econômica sem precedentes, e o governo Allende chega ao fim com o golpe militar liderado por Augusto Pinochet em 11 de setembro de 1973.

Na turbulência da segunda metade dos anos 70, o Chile enfrenta dificuldades econômicas exacerbadas pelos choques do petróleo, que deterioram ainda mais o ambiente econômico. É nesse contexto que Pinochet, buscando distanciar-se das políticas de Allende e "refundar" o país, recorre ao renomado economista Milton Friedman para implementar um choque de liberalismo na economia chilena. Em 21 de março de 1975, um encontro crucial entre Friedman e Pinochet ocorre em Santiago, resultando em um conjunto de reformas que incluem a privatização de empresas estatais, uma reforma tributária, e a transformação dos sistemas de saúde e previdência.

O momento era propício para tais mudanças, dado o acordo de cooperação entre a Universidade de Chicago e a Universidade Católica do Chile, que levou dezenas de jovens economistas chilenos para estudar nos Estados Unidos. Esses economistas, conhecidos como os "Chicago Boys", desempenhariam um papel fundamental na introdução do neoliberalismo no Chile.

O sistema previdenciário chileno antes da reforma seguia o modelo de repartição simples, semelhante ao adotado pela maioria dos países após a Grande Depressão e as duas Guerras Mundiais. Esse modelo, que depende de uma população jovem e ativa para sustentar os aposentados, mostrava sinais de insustentabilidade à medida que a demografia do país mudava. No Chile, cerca de 70% da população economicamente ativa estava coberta pelo sistema, que, no entanto, era fragmentado em diversos planos específicos para diferentes categorias de trabalhadores, como ferroviários, professores e militares. Essa variedade de planos gerava desigualdades significativas e aumentava os custos de administração, tornando-se um incômodo coletivo.

Relatórios desde os anos 50, como a Missão Klein-Sacks e o Informe Prat, já apontavam a insustentabilidade do sistema. As causas incluíam a mudança na pirâmide etária e o uso do sistema como ferramenta de redistribuição de renda e combate ao desemprego, com alguns benefícios sendo facilitados além do razoável.

É nesse contexto que o Chile, liderado por José Piñera, um dos principais Chicago Boys, inicia uma das reformas previdenciárias mais radicais da história e que para muitos parecia impossível. Através do Decreto Lei 3.500 de 1980, o país migra de um sistema de repartição simples para um regime de capitalização individual. O novo modelo, implantado em um período em que o congresso estava fechado desde o golpe de 1973, estipulava que os trabalhadores ativos poderiam optar por permanecer no modelo antigo ou migrar para o novo. A partir de 1982, a adesão ao novo sistema se tornava obrigatória.

O novo sistema cria as Administradoras de Fondos de Pensión (AFP), instituições privadas responsáveis pela gestão dos fundos de pensão. Os trabalhadores são obrigados a contribuir com 10% de seus salários para uma AFP de sua escolha, com a expectativa de uma taxa de reposição de 70% de seus salários na aposentadoria. A adesão ao novo modelo é amplamente promovida por uma campanha de marketing do governo, que destaca os benefícios, mas omite os riscos relacionados à volatilidade dos mercados financeiros e à possibilidade de interrupções nas contribuições ao longo da vida laboral.

A adesão ao novo sistema é massiva, com cerca de 99% dos jovens optando pelo modelo de capitalização, enquanto a adesão total fica em torno de 78%. As AFPs oferecem duas opções de retirada dos benefícios: retiradas programadas com base na expectativa de vida ou um plano de renda mensal vitalícia calculado por uma seguradora. A escolha da AFP é livre, e os trabalhadores podem mudar de administradora seguindo regras específicas, promovendo uma lógica de concorrência no mercado.

Os custos de transição do sistema de repartição para o de capitalização são elevados, englobando o reconhecimento das contribuições feitas ao sistema antigo e a manutenção dos pagamentos aos aposentados. O governo chileno assume esses custos, que são estimados em 137% do PIB ao longo de quase quarenta anos, com o pico em 1987, quando representaram aproximadamente 5% do PIB.

A reforma previdenciária chilena traz benefícios significativos para a economia. Resolve a questão da sustentabilidade do sistema, elimina as desigualdades entre os diversos planos antigos e aumenta a taxa de poupança privada do país, que passa de 2,8% do PIB em 1975 para 22,1% em 1994. Isso tem um impacto positivo na oferta de capital, tanto no mercado de capitais quanto no mercado bancário, fomentando investimentos e consumo e impulsionando o crescimento econômico.

Contudo, para os aposentados, os resultados são bem menos animadores. A taxa de reposição fica aquém dos 70% esperados, situando-se entre 29% para mulheres e 52% para homens entre 2007 e 2014. A baixa empregabilidade após os 50 anos e a menor rentabilidade dos ativos financeiros nas últimas décadas contribuem para esse cenário. Em resposta, o Chile precisou implementar ajustes no modelo em 2008 e 2015, introduzindo componentes de repartição para garantir valores mínimos de aposentadoria.

A experiência chilena oferece lições valiosas. Uma reforma previdenciária como a do Chile dificilmente seria aprovada em um ambiente democrático, mas a adoção combinada de modelo de partilha e capitalização pode ser uma solução interessante para outros países. Um regime de partilha poderia garantir condições mínimas para parte da população, enquanto a capitalização permitiria à classe média manter seu padrão de vida na aposentadoria.

Em suma, a reforma previdenciária chilena destaca os desafios e benefícios de uma transição para um modelo de capitalização. Oferece um exemplo de como enfrentar a insustentabilidade dos sistemas de repartição, mas também alerta para os riscos e dificuldades que os aposentados podem enfrentar. As lições aprendidas podem ajudar outros países a navegar suas próprias reformas previdenciárias, buscando um equilíbrio entre sustentabilidade econômica e bem-estar dos aposentados.

A Quebra do Banco Ambrosiano

Nos anos 80, além das crises que moldaram o cenário financeiro global, como a crise das *savings and loans* e a crise da dívida da América Latina, a Itália se viu abalada por um evento que não apenas sacudiu seu sistema financeiro, mas também mergulhou o país em um dos maiores escândalos financeiros e de corrupção de sua história: a quebra do Banco Ambrosiano. Esse episódio trouxe à tona questões de fraude e corrupção em uma escala que desafiava a reputação do setor bancário italiano, transformando a Itália de um berço de inovação financeira no século 14 e 15 para o epicentro de um escândalo que parecia saído diretamente das páginas de um romance policial.

O Banco Ambrosiano, fundado em 1896, era uma instituição financeira com uma longa e respeitável história. Inicialmente voltado para o financiamento de atividades comerciais e industriais, o banco cresceu ao longo das décadas e tornou-se um dos pilares do sistema bancário italiano. Sua importância no cenário financeiro italiano era significativa, não apenas por suas operações bancárias, mas também por seus laços estreitos com a Igreja Católica, uma relação que se tornaria crucial para o desenrolar dos eventos que se seguiram.

A conexão entre o Banco Ambrosiano e a Igreja Católica, especialmente através de instituições e figuras eclesiásticas, proporcionava ao banco um nível de prestígio e confiança que era fundamental para sua operação e expansão. Essa relação ajudou o banco a obter uma posição privilegiada no mercado financeiro, o que acabou sendo um fator central na complexidade do escândalo financeiro que viria a ser revelado.

A revelação das irregularidades no Banco Ambrosiano começou a tomar forma em 1981, quando uma série de investigações começou a desvendar a complexidade e a profundidade do escândalo financeiro que abalaria a Itália e o sistema bancário internacional. O banco, uma das instituições financeiras mais proeminentes da Itália, estava envolvido em uma rede intricada de fraudes e manipulações que se estendia muito além de simples erros contábeis. O que inicialmente parecia ser uma série de transações suspeitas logo se revelou um esquema de corrupção e má gestão com ramificações complexas.

A primeira pista para as irregularidades veio através de denúncias e investigações internas que levantaram preocupações sobre a integridade dos relatórios financeiros do banco. As autoridades descobriram que o Banco Ambrosiano estava envolvido em uma série de operações financeiras fraudulentas que incluíam, entre outras práticas, a criação e o uso de contas falsas para mascarar a verdadeira extensão das suas dívidas. Essas contas eram utilizadas para registrar transações fictícias e movimentar fundos de maneira oculta, permitindo ao banco ocultar a magnitude de seus problemas financeiros.

Além disso, o banco manipulava documentos contábeis para dar uma impressão errônea de solidez financeira. Essa manipulação envolvia a alteração de registros financeiros, o uso de documentos falsificados e a ocultação de transações significativas, o que impedia uma avaliação precisa da situação financeira real do banco. A extensão das manipulações era tão extensa que envolvia não apenas documentos internos, mas também relatórios enviados a reguladores e outras instituições financeiras, o que aumentava a dificuldade de detectar e compreender a totalidade da fraude.

O ponto crucial das investigações revelou um buraco financeiro impressionante, estimado em mais de 1 bilhão de dólares na época. Esse buraco financeiro não era apenas um número abstrato; representava uma falência iminente que ameaçava não apenas o banco, mas também a estabilidade do sistema financeiro italiano e, por extensão, a confiança em instituições financeiras globais.

As irregularidades expostas incluíam empréstimos não registrados e investimentos especulativos em projetos de alto risco que nunca geraram os retornos esperados. O banco também estava envolvido em operações financeiras internacionais que adicionaram uma camada adicional de complexidade à fraude. Esses investimentos e operações envolviam uma teia de relacionamentos financeiros e políticos que se estendiam além das fronteiras italianas, envolvendo outros bancos e instituições financeiras na Europa e em outras partes do mundo.

O esquema de corrupção e má gestão revelado pelas investigações não era um caso isolado; era a ponta do iceberg de um problema sistêmico que refletia falhas significativas na supervisão e na regulamentação do setor bancário. O caso mostrou como uma combinação de práticas fraudulentas, manipulação contábil e relacionamentos políticos pode criar um ambiente onde a corrupção e a má gestão prosperam.

O desdobramento do caso foi ainda mais dramático com a morte de Roberto Calvi, o presidente do Banco Ambrosiano, encontrado pendurado sob uma ponte em Londres em junho de 1982. Sua morte, oficializada como suicídio, mas com muitos suspeitando de assassinato, adicionou um elemento de mistério e intriga ao escândalo. A morte de Calvi levantou uma série de questões sobre a verdadeira natureza das irregularidades no banco e sobre as possíveis motivações e atores por trás dos crimes financeiros.

O impacto da quebra do Banco Ambrosiano no sistema financeiro foi profundo. A crise expôs falhas significativas na supervisão e regulação do setor bancário, levando a uma série de reformas e mudanças na legislação financeira italiana. As autoridades italianas e internacionais foram forçadas a reavaliar e fortalecer as regulamentações bancárias e os mecanismos de controle interno para prevenir futuras ocorrências semelhantes.

Além das reformas nacionais, o caso do Banco Ambrosiano também serviu como um alerta sobre a necessidade de uma abordagem internacional coordenada para garantir a estabilidade do sistema bancário global. O escândalo sublinhou a importância de acordos internacionais e de uma cooperação mais estreita entre países para enfrentar questões financeiras que transcendem fronteiras nacionais, ou seja, foi um dos vários eventos que indicaram a necessidade de uma regulamentação financeira global mais robusta e de um acordo internacional para lidar com os desafios e riscos associados ao sistema bancário internacional.

Além das repercussões legais e financeiras, o caso do Banco Ambrosiano também deixou uma marca cultural significativa, inspirando representações artísticas e culturais. O escândalo serviu de inspiração para o filme "O Poderoso

Chefão 3", onde, através de uma licença poética, os eventos envolvendo o banco e o drama financeiro são retratados de forma a refletir o impacto e a complexidade do caso. As cenas do filme que envolvem o banco são uma representação dramatizada da corrupção e da intriga que cercaram o Banco Ambrosiano, oferecendo uma visão estilizada e crítica do que foi um dos maiores escândalos financeiros da década de 1980.

O caso do Banco Ambrosiano, com suas complexidades e desdobramentos, continua a ser um lembrete poderoso da necessidade de transparência, integridade e cooperação no sistema financeiro global. Ele sublinha a importância de enfrentar os desafios financeiros com uma abordagem coordenada e de garantir que os mecanismos de controle e supervisão sejam suficientemente robustos para lidar com as complexidades do sistema bancário moderno.

O Acordo de Basileia e a Transformação da Regulação Bancária Global

Conforme fomos vendo em diversos capítulos deste livro, ao longo da história, uma série de quebras e crises sistêmicas destacou a vulnerabilidade do sistema financeiro global e a necessidade premente de um acordo internacional que pudesse aumentar a resiliência das instituições financeiras a crises. A cada novo escândalo ou colapso, a evidência se acumulava de que o sistema bancário precisava de um conjunto de regras e diretrizes que garantissem não apenas a estabilidade das instituições individuais, mas a integridade do sistema como um todo.

Como discutido em capítulos anteriores, o Banco de Compensações Internacionais (BIS) desempenha um papel fundamental nesse contexto. Fundado em 1930, o BIS é uma instituição internacional que atua como um banco central para bancos centrais, promovendo a cooperação monetária e financeira global. Sua função primordial é a de atuar como um fórum para a discussão de questões monetárias e financeiras e fornecer serviços bancários aos bancos centrais. O BIS também realiza pesquisas e análises que ajudam na formulação de políticas e na supervisão do sistema financeiro internacional.

Para que um acordo internacional como o de Basileia seja eficaz, os países precisam não apenas aderir a ele, mas também aprová-lo em suas autoridades nacionais e definir como as diretrizes serão implementadas em seu território. A adesão a um acordo como o de Basileia oferece vantagens significativas para os países, como a promoção da estabilidade financeira, a proteção dos depositantes e a redução da probabilidade de crises bancárias sistêmicas. Além disso, a adesão pode aumentar a confiança dos investidores e contribuir para a integração e a harmonização das práticas bancárias globais.

O primeiro Acordo de Basileia, estabelecido em 1988, foi um marco importante na regulamentação financeira internacional. Seu foco principal era o risco de crédito, um aspecto crucial da gestão financeira de qualquer banco. O risco de crédito refere-se à possibilidade de que um tomador de empréstimo não pague a dívida, o que pode levar a perdas significativas para o banco. A importância de controlar o risco de crédito reside no fato de que perdas substanciais podem impactar negativamente os depositantes e a estabilidade financeira geral.

Para controlar o risco de crédito, o Acordo de Basileia introduziu o conceito de requerimento de capital. Este conceito é baseado no cálculo dos Ativos Ponderados pelo Risco (RWA, do inglês *Risk-Weighted Assets*), que são os ativos de um banco ajustados de acordo com o risco que eles representam. O capital requerido é o montante de capital que um banco deve manter em relação aos seus RWA para cobrir possíveis perdas e garantir a estabilidade financeira. O Índice de Basileia, ou índice de adequação de capital, é a relação entre o capital próprio de um banco e seu RWA. O objetivo é assegurar que os bancos tenham capital suficiente para absorver perdas e proteger os depositantes.

Com o tempo, o Acordo de Basileia evoluiu para abordar novos riscos e desafios. O Basileia II, introduzido em 2004, ampliou o escopo do acordo para incluir não apenas o risco de crédito, mas também o risco de mercado e o risco operacional. A inclusão desses riscos reconheceu que a gestão de riscos bancários é mais complexa e abrangente do que o simples controle do risco de crédito.

O risco de mercado refere-se à possibilidade de perdas decorrentes de movimentos adversos nos preços de mercado, como taxas de juros, taxas de câmbio e preços de ações. O risco de mercado pode ser causado por descasamentos nas taxas de ativos e passivos e gerar volatilidade no resultado do banco. Para mitigar esse risco, o Basileia II exigiu que os bancos mantivessem capital adicional com base no Valor em Risco (V@R, do inglês *Value at Risk*), que é uma medida estatística usada para estimar a potencial perda de um portfólio em um determinado período, com um nível de confiança específico.

O V@R ajuda a determinar a quantidade de capital que um banco precisa manter para cobrir as perdas potenciais associadas às flutuações nos preços de mercado.

Além do risco de mercado, o Basileia II também introduziu requisitos para o risco operacional. O risco operacional envolve perdas resultantes de falhas nos processos internos, sistemas, ou devido a erros humanos, fraudes ou eventos externos. Exemplos de riscos operacionais incluem falhas em sistemas de TI, erros de processamento e fraudes internas. O Acordo de Basileia abordou esses riscos exigindo que os bancos mantivessem capital adicional para cobrir perdas operacionais. O cálculo desse capital adicional é baseado em uma porcentagem das receitas brutas do banco, refletindo a importância de uma gestão adequada dos riscos operacionais.

Com a crise financeira global de 2007-2008, ficou claro que o Acordo de Basileia II precisava ser revisado para enfrentar melhor os desafios do sistema financeiro global. Em resposta, o Comitê de Basileia introduziu o Basileia III em 2010. O Basileia III trouxe melhorias significativas na regulamentação, com foco na qualidade e na quantidade do capital mantido pelos bancos, além de introduzir novas exigências de liquidez e alavancagem.

Quando um banco não está em conformidade com os requisitos de Basileia, ele deve tomar medidas corretivas. Essas medidas podem incluir a redução de ativos de maior risco, a retenção de lucros para aumentar o capital disponível ou a realização de uma oferta pública para obter capital adicional. Essas ações visam restaurar a conformidade com os requisitos regulatórios e garantir a estabilidade financeira do banco.

O Índice de Basileia é uma medida importante para avaliar a saúde financeira de um banco, mas é importante observar que um índice de Basileia muito acima da exigência mínima pode ser um sinal de que o banco não está gerando um volume de negócios adequado para alcançar um retorno sobre o patrimônio (ROE, do inglês *Return on Equity*) satisfatório. Isso pode indicar que o banco está mantendo capital excessivo e não está utilizando seus recursos de maneira eficiente para gerar lucros, uma solução alternativa para evitar um índice de Basileia muito alto, pode ser um aumento no pagamento de dividendos.

Em resumo, o Acordo de Basileia e suas sucessivas revisões representam um esforço global para fortalecer o sistema financeiro e aumentar sua resiliência a crises. As reformas introduzidas ao longo do tempo refletem a evolução das práticas bancárias e a necessidade de uma regulamentação robusta para lidar com os riscos emergentes. O Acordo de Basileia continua a desempenhar um papel crucial na promoção da estabilidade financeira global e na proteção dos depositantes e da economia como um todo.

22,6% de Queda em Um Único Dia: O Impacto do Colapso de 1987 no Mercado Financeiro

Quando se pergunta sobre a maior queda do Dow Jones em um único dia, muitos podem pensar imediatamente no colapso de 1929. No entanto, há uma outra data que superou aquela em termos de perda percentual em um único dia: 19 de outubro de 1987. Esse dia ficou marcado como a "Segunda-Feira Negra", quando o Dow Jones Industrial Average despencou 508 pontos, representando uma perda de 22,6% em apenas um dia. Este evento se destaca não apenas pela magnitude da queda, mas também pelo impacto profundo que teve nos mercados financeiros globais.

O crash de 1987 não surgiu de um vácuo. Em meses anteriores, os mercados haviam vivido um período de alta significativa, com os índices acionários alcançando níveis recordes. O clima econômico era de otimismo, e a confiança dos investidores estava em alta. No entanto, essa euforia foi abruptamente interrompida por uma série de fatores que culminaram no colapso.

Um dos fatores principais que contribuíram para o crash foi o aumento das taxas de juros. Em 1987, o Federal Reserve elevou as taxas de juros para combater a inflação. Essa elevação teve um efeito duplo sobre o mercado: encareceu o custo do dinheiro e gerou preocupações sobre uma possível desaceleração econômica. O aumento das taxas afetou a avaliação das empresas e elevou os custos de financiamento, contribuindo para a inquietação dos investidores.

Outro fator crucial foi o uso crescente de programas de negociação automatizados, que incluíam ordens de *"stop loss"*. Esses sistemas, que eram relativamente novos na época, foram projetados para vender ações automaticamente quando seus preços caíam abaixo de determinados níveis, com a intenção de limitar as perdas. No entanto, quando o mercado começou a declinar, esses programas foram ativados em massa, gerando uma onda de vendas que intensificou ainda mais a queda. A venda em massa alimentou a pressão de venda, exacerbando o colapso. A novidade e a falta de maturidade desses sistemas contribuíram para sua incapacidade de lidar com a magnitude da crise.

Adicionalmente, o mercado de ações na época não contava com mecanismos de proteção como os *circuit breakers*, que são dispositivos projetados para interromper as negociações quando o mercado atinge um determinado nível de perda em um curto período. Esses mecanismos foram implementados posteriormente, em resposta aos eventos de 1987, para ajudar a estabilizar os mercados e evitar quedas abruptas semelhantes. A ausência desses mecanismos na época contribuiu para a rapidez e a intensidade do colapso, uma vez que não havia uma rede de segurança para interromper o pânico e acalmar o mercado.

Apesar do impacto devastador do crash de 1987, os mercados se recuperaram surpreendentemente rápido. Em contraste com o crash de 1929, que deu início à Grande Depressão e levou anos para que a economia e os mercados se recuperassem, a recuperação pós-1987 foi mais ágil. O Dow Jones recuperou grande parte das perdas dentro de poucos meses, e o mercado voltou a um caminho de crescimento. A rapidez da recuperação destacou a resiliência do sistema financeiro moderno, bem como a capacidade dos mercados de se ajustarem e se adaptarem às crises.

O crash de 1987 não apenas desafiou as expectativas dos investidores, mas também serviu como um lembrete de que, apesar da sofisticação dos mercados financeiros, a imprevisibilidade e a complexidade continuam a desempenhar um papel significativo na dinâmica dos mercados. As explicações para o crash podem não ser totalmente convincentes, mas o impacto e as lições aprendidas permanecem relevantes até hoje. A "Segunda-Feira Negra" é um exemplo de como eventos aparentemente isolados podem ter repercussões significativas e duradouras para o sistema financeiro global, oferecendo lições valiosas sobre a natureza do risco e a importância da regulamentação.

Japão: Da Era de Ouro à Crise Imobiliária

Nos anos que seguiram à Segunda Guerra Mundial, o Japão emergiu das cinzas de uma derrota devastadora para se tornar uma das economias mais dinâmicas e inovadoras do mundo. O período que se estendeu das décadas de 1950 a 1980 ficou conhecido como o "Milagre Econômico Japonês", uma era marcada por um crescimento econômico sem precedentes, impulsionado por uma combinação de políticas governamentais eficazes, inovação tecnológica e uma força de trabalho altamente educada e dedicada.

Entre 1950 e 1973, o Japão experimentou uma taxa média de crescimento do PIB de cerca de 10% ao ano, uma das mais altas do mundo. A rápida industrialização, impulsionada pelo desenvolvimento dos setores automotivo e de eletrônicos, transformou o país em um gigante global. Empresas como Toyota, Honda, Sony e Panasonic se tornaram sinônimos de qualidade e inovação, exportando produtos para todo o mundo e ajudando a consolidar a posição do Japão como a segunda maior economia do planeta, atrás apenas dos Estados Unidos.

No início dos anos 1980, o Japão parecia destinado a superar os Estados Unidos como a maior economia do mundo. Os avanços tecnológicos japoneses em áreas como eletrônicos, robótica e automóveis foram revolucionários. Em 1985, o Japão produzia mais de 11 milhões de automóveis por ano, superando os Estados Unidos e se tornando o maior fabricante de automóveis do mundo. A produtividade industrial japonesa era incomparável, e seu sistema de gestão e qualidade, exemplificado pelo método Toyota de produção, foi amplamente adotado por empresas em todo o mundo.

Durante a década de 1980, o Japão foi palco de uma extraordinária valorização dos ativos, tanto no mercado imobiliário quanto no mercado de ações. Os preços dos imóveis em Tóquio e outras grandes cidades dispararam, à medida que os investidores acreditavam que os terrenos no Japão eram praticamente uma "mina de ouro". A lógica por trás desse boom imobiliário era simples: com um território relativamente pequeno e uma população em crescimento, a terra no Japão era um recurso escasso e, portanto, extremamente valioso.

No entanto, o caminho para o colapso começou a ser pavimentado em 1985 com a assinatura do Acordo de Plaza. Esse acordo, firmado em Nova York entre os Estados Unidos, Japão, Alemanha Ocidental, França e Reino Unido, tinha como objetivo desvalorizar o dólar americano em relação ao iene japonês e outras moedas principais. O acordo foi uma resposta ao crescente déficit comercial dos Estados Unidos, que enfrentava uma competição feroz dos produtos japoneses no mercado global.

O impacto do Acordo de Plaza no Japão foi imediato e profundo. O iene se valorizou drasticamente em relação ao dólar, o que tornou as exportações japonesas menos competitivas. Para compensar a desaceleração das exportações, o Banco do Japão adotou uma política de juros baixos, incentivando o crédito fácil e a especulação. O resultado foi uma injeção maciça de dinheiro nos mercados de ativos, alimentando ainda mais a bolha imobiliária e bursátil.

Entre 1985 e 1990, o preço dos imóveis em Tóquio triplicou, e a Bolsa de Valores de Tóquio, representada pelo índice Nikkei 225, passou de aproximadamente 13.000 pontos em 1985 para um pico histórico de 38.915 pontos em dezembro de 1989. A especulação desenfreada criou uma bolha econômica que parecia ser alimentada por um otimismo inabalável sobre o futuro do Japão. Em um dos exemplos mais emblemáticos da euforia especulativa, o valor da terra onde se localiza o Palácio Imperial em Tóquio foi estimado em um valor superior ao de todo o estado da Califórnia. Era um símbolo claro de como o mercado japonês havia se distanciado da realidade econômica.

Como todas as bolhas, a bolha imobiliária e bursátil japonesa não poderia continuar indefinidamente. No início de 1990, o Banco do Japão começou a aumentar as taxas de juros para conter a inflação e a especulação. O efeito foi devastador. O mercado imobiliário entrou em colapso, e os preços dos imóveis começaram a despencar. Em apenas três anos, o valor dos imóveis em Tóquio caiu mais de 50%, e o índice Nikkei despencou de seu pico de 38.915 pontos em dezembro de 1989 para cerca de 14.000 pontos em agosto de 1992.

A queda nos preços dos imóveis e das ações teve um efeito catastrófico sobre o sistema bancário japonês. Bancos que haviam concedido empréstimos generosos, baseados em ativos supervalorizados, se encontraram com uma montanha de empréstimos inadimplentes e os imóveis deixados como garantia não cobriam os saldos remanescentes. Entre os bancos mais afetados estavam o Long-Term Credit Bank (LTCB) e o Nippon Credit Bank (NCB), que se tornaram sinônimos da crise bancária japonesa. Em 1998, o LTCB foi nacionalizado, marcando um dos maiores colapsos bancários da história do Japão.

Além do auxílio ao setor financeiro, o governo implementou pacotes de estímulo fiscal massivos na tentativa de reviver a economia, mas esses esforços acabaram gerando um enorme déficit fiscal, que perdura até hoje.

No entanto, essas medidas foram amplamente vistas como tardias e insuficientes. A falta de uma ação decisiva e coordenada no início da crise permitiu que a situação se deteriorasse, levando o Japão a uma "década perdida", caracterizada por estagnação econômica, deflação persistente e uma crise bancária prolongada. A combinação de juros baixos, deflação e excesso de capacidade produtiva criou uma armadilha de liquidez, na qual os consumidores e empresas, temendo o futuro, preferiam poupar em vez de gastar ou fazer investimentos produtivos, mesmo com taxas de juros próximas de zero.

A economia japonesa, outrora aclamada como um modelo de crescimento e inovação, entrou em um longo período de estagnação. Entre 1991 e 2001, o crescimento econômico foi anêmico, com o PIB crescendo em média apenas 1,2% ao ano. A deflação se tornou uma característica persistente da economia. Os preços dos imóveis, que caíram drasticamente no início dos anos 1990, levaram décadas para mostrar sinais de recuperação, e o índice Nikkei não conseguiu recuperar as perdas mesmo após 30 anos do estouro da bolha.

O governo japonês continuou a adotar políticas de estímulo fiscal e monetário para tentar reverter a estagnação, mas com resultados limitados. As taxas de juros permaneceram em níveis extremamente baixos, e o déficit público aumentou consideravelmente, levando a uma dívida pública que, em 2023, ultrapassava 250% do PIB, uma das mais altas do mundo.

À medida que o Japão entra na terceira década do século XXI, a pergunta que persiste é: o país será capaz de retomar o crescimento e recuperar a posição de destaque que uma vez ocupou na economia global? Os desafios são muitos. Além da herança de uma crise financeira que ainda deixa cicatrizes, o Japão enfrenta uma população em rápido envelhecimento, um mercado de trabalho estagnado e uma necessidade urgente de inovação para competir em um mundo cada vez mais dominado pela tecnologia digital e pela inteligência artificial.

A história da bolha imobiliária e bancária japonesa serve como mais um poderoso lembrete dos perigos do excesso de confiança e da especulação desenfreada. A economia que uma vez desafiou o mundo a alcançar seu nível de crescimento agora enfrenta a dura realidade de suas próprias limitações. Será que o Japão, com sua notável capacidade de reinvenção, encontrará um caminho de volta ao crescimento sustentado? O futuro, como sempre, permanece incerto, mas a história oferece lições valiosas para aqueles que buscam evitar os erros do passado.

Barings Bank: Da Glória ao Desastre – A História de um Colapso Financeiro

No âmago da história financeira britânica, poucas instituições carregavam tanto prestígio e relevância quanto o Barings Bank. Fundado em 1762 por Sir Francis Baring, o Barings não era apenas o banco mercantil mais antigo de Londres, mas também uma das instituições que ajudaram a moldar os alicerces do sistema financeiro global. Durante mais de dois séculos, o banco se destacou como um símbolo de estabilidade, influência e poder, financiando desde a expansão colonial britânica até grandes transações internacionais que mudaram o curso da história. O Barings foi protagonista em momentos críticos, não apenas do Reino Unido, mas do mundo, consolidando sua posição como um pilar essencial da economia global.

Entre os feitos memoráveis, o Barings esteve no centro da compra da Louisiana pelos Estados Unidos em 1803, uma transação que não apenas dobrou o território americano, mas também fortaleceu a posição dos EUA como uma potência emergente. Essa operação, facilitada pelo Barings em parceria com a Hope & Co. de Amsterdã, destacou a habilidade do banco em intermediar acordos de grande escala e complexidade, reforçando sua reputação internacional. Essa transação monumental foi um dos vários exemplos do papel do Barings na facilitação de acordos que alteraram a paisagem política e econômica do mundo.

Esse prestígio não era em vão. Ao longo dos séculos XVIII e XIX, o Barings ampliou sua influência, financiando governos, facilitando a expansão do comércio global e apoiando projetos de infraestrutura que impulsionaram o crescimento econômico em diversos países. A instituição se tornou tão importante que, durante as Guerras Napoleônicas, foi fundamental para o financiamento do esforço de guerra britânico, assegurando empréstimos que sustentaram o Reino Unido e seus aliados contra Napoleão Bonaparte. Londres, como centro financeiro mundial, deve parte de sua ascensão ao papel que o Barings desempenhou nesse período.

Além de sua atuação no financiamento de guerras e grandes transações, o Barings foi um pioneiro em investimentos em mercados emergentes. No século XIX, o banco expandiu suas operações para a América Latina, Ásia e outras regiões, ajudando a financiar a construção de ferrovias, portos e outras infraestruturas críticas. Essa expansão global consolidou ainda mais a posição do Barings como uma instituição de alcance mundial, capaz de moldar o desenvolvimento econômico em regiões distantes.

A influência do Barings era tamanha que, em 1890, quando o banco enfrentou uma crise devido a sua exposição à dívida soberana argentina, o Banco da Inglaterra liderou um resgate, reconhecendo que o colapso do Barings poderia desencadear uma crise financeira global. Este evento, conhecido como a Crise dos Barings de 1890, foi um dos primeiros exemplos de uma intervenção estatal para evitar o colapso de uma instituição financeira considerada "grande demais para falir". O resgate marcou um momento crucial na história financeira, estabelecendo precedentes para futuras intervenções governamentais em crises bancárias.

Dentro dessa longa e respeitável história, o Barings também servia a uma clientela ilustre, incluindo a própria rainha Elizabeth II. A monarca tinha uma conta pessoal no banco, uma prova do prestígio e da confiança que o Barings inspirava entre as figuras mais poderosas e influentes do Reino Unido. Ter a rainha como cliente era uma honra que reforçava a imagem do banco como uma fortaleza de segurança financeira e tradição. Para muitos, o Barings não era apenas um banco; era uma instituição que simbolizava a continuidade e a estabilidade da própria nação britânica.

Porém, mesmo a instituição mais sólida pode ruir quando suas fundações são corroídas por dentro. O colapso do Barings Bank, que aconteceu em 1995, foi um evento tão inesperado quanto devastador, e sua causa principal estava longe de ser o que se esperaria de um banco de tal reputação. O responsável por essa queda vertiginosa foi um jovem operador financeiro, cujo nome passaria a ser sinônimo de desastre financeiro: Nicholas Leeson.

Nascido em Watford, Inglaterra, em 1967, Nick Leeson não vinha de uma família rica ou influente. Cresceu em uma família de classe média, e sua infância foi marcada por uma educação modesta. Após concluir o ensino secundário, Leeson não seguiu para a universidade, uma escolha incomum para aqueles que aspiravam uma carreira no mundo financeiro. Em vez disso, ele começou sua carreira no setor financeiro de forma humilde, como um simples funcionário administrativo no Coutts, um banco de prestígio que atendia clientes de alta renda.

Leeson rapidamente se mostrou ambicioso e determinado, qualidades que lhe permitiram ascender rapidamente em sua carreira. Sua transição para o Morgan Stanley, onde ganhou experiência em operações financeiras complexas, foi um passo importante. No Morgan Stanley, Leeson teve a oportunidade de aprender sobre os mercados financeiros internacionais e desenvolver habilidades que o tornariam valioso para qualquer instituição. Sua competência chamou a atenção do Barings Bank, que o contratou em 1989.

No Barings, Leeson começou trabalhando em Londres, mas logo foi enviado para Cingapura, onde o banco operava no Singapore International Monetary Exchange (SIMEX). Esta transferência para o Sudeste Asiático, longe do controle rigoroso da matriz, seria crucial para os eventos que se desenrolariam posteriormente. Em Cingapura, Leeson assumiu o cargo de gerente geral, uma posição que lhe dava controle sobre operações de grande risco, mas também, de forma incomum e perigosa, sobre o controle e a supervisão dessas operações.

Essa combinação de responsabilidades, que se opõe à conhecida "segregação de funções", deveria ter sido um alerta vermelho. Em um ambiente bancário saudável, as funções de trading e controle são separadas para evitar conflitos de interesse e assegurar que as operações sejam monitoradas independentemente. No caso de Leeson, essa falha crítica nos controles internos do Barings seria a porta de entrada para o desastre. Leeson estava, essencialmente, controlando a si mesmo, sem supervisão significativa de terceiros, o que lhe permitiu ocultar suas atividades com relativa facilidade.

Leeson começou a realizar operações de arbitragem, tentando lucrar com as pequenas diferenças de preços entre os mercados. No entanto, ao invés de limitar-se a essas operações relativamente seguras, ele começou a fazer apostas especulativas cada vez mais arriscadas, apostando na direção dos mercados. Quando suas apostas começaram a gerar perdas, Leeson recorreu à criação de uma conta de erro secreta, a famosa "88888", onde escondeu as perdas crescentes de suas operações.

Ao longo desse período, as falhas nos controles internos do Barings permitiram que Leeson continuasse suas operações sem a supervisão adequada. A administração em Londres confiava cegamente nos relatórios de Leeson, que aparentavam mostrar lucros consistentes. A falta de auditorias rigorosas e a combinação de funções incompatíveis deram a Leeson uma liberdade quase total para continuar seu comportamento destrutivo. O banco, cego pela ilusão dos lucros aparentes, não questionou as operações arriscadas de Leeson, mesmo quando os sinais de alerta começaram a surgir.

Essas perdas, inicialmente modestas, começaram a crescer de forma alarmante. Leeson, em vez de admitir os erros e parar, redobrou suas apostas, tentando recuperar as perdas com operações ainda mais arriscadas. Sua abordagem pode ser comparada à de um jogador de cassino que continua dobrando suas apostas na esperança de que uma grande vitória cubra todas as suas perdas. O auge dessa imprudência ocorreu em janeiro de 1995, quando Leeson apostou que o índice Nikkei 225, da Bolsa de Valores de Tóquio, se recuperaria após uma queda. No entanto, o terremoto de Kobe atingiu o Japão, causando uma queda ainda mais acentuada no mercado e ampliando drasticamente as perdas de Leeson.

Quando a magnitude das perdas se tornou impossível de ocultar, Leeson fugiu, deixando o Barings Bank à beira do colapso. Ele deixou para trás um rastro de destruição financeira que chocaria o mundo. As perdas acumuladas totalizavam cerca de £827 milhões, um valor que superava o patrimônio do banco. Incapaz de cobrir essas perdas, o Barings foi declarado insolvente e, em um dos momentos mais chocantes da história financeira, foi vendido ao ING, da Holanda, por apenas £1.

As consequências desse colapso foram profundas e duradouras. O caso Barings ressaltou a importância crítica de controles internos eficazes e da segregação de funções em qualquer instituição financeira. A falência do banco serviu como um alerta para o setor bancário global, resultando em reformas significativas nas práticas de supervisão e no fortalecimento dos sistemas de gerenciamento de risco. A Comissão de Valores Mobiliários do Reino Unido e outros órgãos reguladores em todo o mundo revisaram suas diretrizes e práticas, enfatizando a necessidade de uma vigilância mais rigorosa e da implementação de sistemas que possam detectar e prevenir atividades fraudulentas.

A história do Barings e a ascensão e queda de Nick Leeson inspiraram o filme "A Fraude" (1999), estrelado por Ewan McGregor como Leeson. O filme retrata com precisão o ambiente de alta pressão e os erros catastróficos que levaram ao colapso do banco. A produção adiciona uma camada irônica de humor ao abordar o desastre, destacando a maneira como uma instituição secular e venerada foi derrubada por um único indivíduo, armado apenas com um computador e uma dose desmedida de arrogância.

O Barings, que durante mais de dois séculos representou a força e a solidez do sistema financeiro britânico, foi reduzido a ruínas por causa das ações de um jovem ambicioso e dos graves erros de gestão que permitiram que seus atos passassem despercebidos por tanto tempo. É irônico pensar que o Barings, um banco que sobreviveu a guerras, crises e revoluções, acabou destruído por um operador agindo sozinho em Cingapura. A história serve como um lembrete de que, por mais sólida que uma instituição possa parecer, a falta de controles adequados pode levar à sua ruína. E assim, a queda do Barings Bank, que começou como um drama financeiro, terminou em tragédia – uma tragédia com um toque de comédia negra, capturada para sempre nas telas de cinema e nas páginas da história financeira mundial.

O legado do Barings Bank, portanto, é duplo: ele é lembrado tanto como uma das instituições financeiras mais influentes da história quanto como uma advertência sobre os perigos do excesso de confiança e da negligência. Hoje, o nome Barings ainda ressoa no mundo financeiro, não como um símbolo de poder, mas como um lembrete das lições que nunca devem ser esquecidas.

Crise Asiática: Quando a Prosperidade dos Tigres se Tornou uma Tempestade

No final do século XX, o Sudeste Asiático tornou-se um farol de crescimento econômico e desenvolvimento acelerado, liderado por um grupo de economias emergentes conhecidas como os Tigres Asiáticos. O termo "Tigres Asiáticos", popularizado pelo livro "Os Tigres da Malásia" de Emilio Salgari, foi inicialmente associado à Malásia, mas acabou abrangendo economias maiores e mais amplas, como a Coreia do Sul, Taiwan, Hong Kong e Cingapura. Essas economias experimentaram um crescimento extraordinário, transformando-se de sociedades predominantemente agrícolas em potências industriais e financeiras em um curto período. A combinação de políticas orientadas para o mercado, um setor exportador robusto e investimentos pesados em infraestrutura criaram um cenário de prosperidade que chamou a atenção do mundo inteiro.

Entre esses Tigres Asiáticos, a Tailândia se destacava como um exemplo notável de crescimento econômico. Durante os anos 90, a economia tailandesa prosperou, com Bangkok se transformando em um vibrante centro de negócios e construção. O setor imobiliário tailandês, em particular, viveu um boom sem precedentes. Arranha-céus, shoppings de luxo e complexos residenciais estavam surgindo em ritmo acelerado. O crédito estava amplamente disponível, e a especulação imobiliária estava em alta, com investidores locais e estrangeiros se envolvendo em um frenesi de compra e venda de propriedades. O mercado parecia estar em uma trajetória ascendente sem fim, alimentado por uma fé quase irracional de que os preços dos imóveis continuariam a subir indefinidamente.

No entanto, essa euforia mascarou problemas subjacentes. O crescimento descontrolado e o excesso de crédito acabaram por inflar uma bolha imobiliária. Os bancos, incentivados pela demanda crescente, ofereceram empréstimos em termos favoráveis, muitas vezes sem considerar adequadamente a capacidade dos mutuários de honrar suas dívidas. O excesso de oferta de imóveis e a especulação desenfreada eventualmente levaram a um desequilíbrio. À medida que a bolha estourava, o valor dos imóveis começou a despencar, desencadeando uma crise no setor.

A crise começou a se desdobrar em julho de 1997, quando o governo tailandês, incapaz de sustentar a paridade do baht com o dólar americano, foi forçado a permitir que a moeda flutuasse livremente. A decisão resultou em uma desvalorização drástica do baht, que viu seu valor despencar em relação ao dólar e outras moedas estrangeiras. O colapso do mercado imobiliário e a desvalorização do baht desencadearam uma crise de liquidez e uma avalanche de dívidas inadimplentes. As instituições financeiras, já fragilizadas, enfrentaram um aumento alarmante no número de empréstimos não pagos, o que exacerbou ainda mais a crise.

A crise financeira rapidamente se espalhou para outras economias da região, como Malásia, Indonésia e Coreia do Sul. A desvalorização das moedas regionais teve um impacto severo nos mercados financeiros globais. Moedas como o ringgit malaio, a rupia indonésia e o won sul-coreano sofreram perdas significativas, o que levou a uma crise de confiança entre investidores internacionais. O contágio da crise levou a um pânico financeiro que reverberou em mercados além da Ásia.

Nos mercados financeiros globais, o impacto da crise asiática foi profundo e abrangente. Os principais índices de ações ao redor do mundo sentiram os efeitos da turbulência econômica na Ásia. O índice Dow Jones Industrial Average, nos Estados Unidos, e o FTSE 100, no Reino Unido, foram particularmente afetados. Em agosto de 1997, quando a crise começou a se espalhar, o Dow Jones viu uma queda acentuada, refletindo a crescente preocupação com a instabilidade econômica global. A aversão ao risco aumentou, e investidores internacionais começaram a retirar seus investimentos de mercados emergentes e até mesmo de mercados desenvolvidos, temendo um contágio mais amplo.

O índice Nikkei 225 do Japão, que já enfrentava desafios econômicos próprios, viu um aumento na volatilidade à medida que a crise se alastrava. A crise asiática demonstrou como a interconexão dos mercados financeiros pode transformar uma crise regional em uma crise global. O medo de uma recessão global e a retirada de capitais de mercados emergentes contribuíram para uma desaceleração econômica generalizada.

O colapso financeiro na Tailândia e a subsequente crise na região foram um lembrete dramático de como economias interconectadas podem se afetar mutuamente. A crise asiática de 1997 evidenciou que, em um mundo globalizado, problemas econômicos em um país ou região podem rapidamente se propagar para outras partes do mundo. As economias emergentes, muitas vezes vistas como voláteis e arriscadas, mostraram que sua instabilidade pode ter consequências significativas para os mercados financeiros globais. O episódio destacou a importância da supervisão financeira e da gestão de risco em um ambiente global interconectado.

A crise também levou a uma reflexão mais profunda sobre a necessidade de reformas no sistema financeiro global, melhor regulamentação e a importância de uma gestão prudente das economias emergentes. À medida que os Tigres Asiáticos lutavam para se recuperar, o mundo financeiro começava a se ajustar a uma nova realidade, onde a interdependência econômica global se tornava cada vez mais evidente. A crise asiática foi um divisor de águas, moldando a forma como economias e mercados abordam e gerenciam o risco em um cenário econômico global interconectado.

Do Nobel ao Naufrágio: A Trajetória do Black-Scholes e o Colapso do LTCM

No auge da sofisticada evolução do mercado financeiro, os contratos de opções emergiram como um dos instrumentos mais complexos e intrigantes. Esses contratos permitem aos investidores o direito, mas não a obrigação, de comprar ou vender um ativo a um preço previamente acordado, dentro de um período específico. A gestão desses instrumentos exige um entendimento profundo não apenas do comportamento dos ativos subjacentes, mas também das condições de mercado e das técnicas de precificação envolvidas.

No final do século XX, um dos maiores desafios enfrentados pelos economistas financeiros foi encontrar uma fórmula precisa para a precificação de opções. Antes da década de 1970, a avaliação de opções era um campo dominado por métodos aproximados e suposições ad hoc. As complexidades envolvidas na variação dos preços das opções, conforme as condições de mercado mudavam, exigiam uma solução matemática robusta e confiável.

A resolução desse problema chegou com a introdução do Modelo de Black-Scholes, uma fórmula revolucionária desenvolvida por Fischer Black, Myron Scholes e Robert Merton. Fischer Black e Myron Scholes publicaram seu trabalho seminal em 1973, apresentando um modelo que se tornaria a base para a precificação de opções.

Fischer Black foi um matemático e economista americano, cujo trabalho em finanças se concentrou em desenvolver modelos teóricos que pudessem descrever e prever o comportamento dos mercados financeiros. Black foi um pioneiro no uso de modelos matemáticos em finanças e, com Scholes, ajudou a criar uma estrutura fundamental para a precificação de opções. Infelizmente,

Black não viveu para ver o reconhecimento total de sua contribuição, já que faleceu em 1995.

Myron Scholes, um professor de finanças na Universidade de Chicago, ganhou notoriedade por seu trabalho em conjunto com Black. Scholes se destacou por suas análises matemáticas e pela aplicação do Modelo de Black-Scholes, que lhe trouxe o Prêmio Nobel de Economia em 1997. Sua habilidade em transformar conceitos complexos em fórmulas aplicáveis foi fundamental para a sua contribuição à teoria financeira.

Robert Merton, também um economista renomado, foi reconhecido por suas contribuições ao desenvolvimento do modelo e à extensão dos princípios de Black-Scholes. Merton abordou questões relacionadas ao risco e à precificação de opções, e seu trabalho lhe rendeu o Prêmio Nobel de Economia em 1997, compartilhado com Scholes. Merton ajudou a formalizar e expandir o modelo, incorporando uma análise mais profunda da dinâmica dos mercados financeiros.

A descoberta da fórmula de Black-Scholes foi um marco na teoria financeira, sustentada pela hipótese dos mercados eficientes. Essa hipótese sugere que os preços dos ativos refletem toda a informação disponível, tornando impossível para os investidores obter ganhos superiores ao mercado de forma consistente. O Modelo Black-Scholes assumiu que os mercados eram eficientes e que os preços das opções poderiam ser calculados com base em variáveis como o preço do ativo subjacente, o preço de exercício, a volatilidade, o tempo até o vencimento e as taxas de juros.

O reconhecimento do impacto desse modelo foi formalizado quando Scholes e Merton receberam o Prêmio Nobel de Economia em 1997, em reconhecimento à sua contribuição para a teoria financeira. Fischer Black, infelizmente, havia falecido antes de receber o prêmio, mas seu trabalho foi amplamente celebrado e reconhecido postumamente.

No final da década de 1990, Scholes e Merton, juntamente com o ex-trader do Salomon Brothers John Meriwether, fundaram o Long-Term Capital Management (LTCM). O LTCM era um fundo de hedge que utilizava estratégias de arbitragem baseadas no modelo de Black-Scholes e na teoria do hedge dinâmico. A filosofia do fundo era aproveitar pequenas discrepâncias de preço entre diferentes mercados e ativos, assumindo que essas discrepâncias se ajustariam com o tempo, oferecendo oportunidades de ganho.

O LTCM se especializava em estratégias complexas que envolviam a alavancagem extensiva de seu capital. Usando técnicas como o delta-hedging, o fundo buscava manter posições neutras em relação ao delta das opções, ajustando constantemente sua exposição ao mercado. O fundo usava modelos matemáticos avançados para guiar suas decisões de investimento, aplicando os princípios de Black-Scholes e hedge dinâmico para proteger e maximizar seus investimentos.

No entanto, a complexidade e a alavancagem extremas do LTCM foram desafiadas pela volatilidade do mercado. Em 1998, uma série de eventos adversos, incluindo a crise financeira na Rússia, desencadeou uma série de movimentos de mercado inesperados que impactaram diretamente as estratégias do LTCM. O fundo começou a enfrentar perdas significativas, já que suas estratégias baseadas em modelos teóricos não conseguiram lidar com a volatilidade extrema e a falta de liquidez no mercado.

O colapso do LTCM foi abrupto e devastador. O fundo acumulou perdas de aproximadamente $4,6 bilhões em um período relativamente curto, resultado de sua alavancagem e das posições de risco assumidas. As instituições financeiras e investidores envolvidos sofreram grandes perdas, incluindo grandes nomes como Goldman Sachs, Merrill Lynch e J.P. Morgan Chase. Esses bancos e instituições, que tinham investido no LTCM ou estavam expostos a seus ativos, enfrentaram perdas substanciais e contribuíram para a coordenação de um resgate para evitar uma crise financeira mais ampla.

O resgate do LTCM foi conduzido pelo Federal Reserve, que organizou um consórcio de instituições financeiras para fornecer capital e estabilizar o fundo. A intervenção foi uma tentativa de evitar a liquidação desordenada dos ativos do LTCM, que poderia ter exacerbado a crise financeira global. O resgate envolveu a reestruturação da dívida do fundo e a venda de seus ativos a preços descontados, com o objetivo de minimizar o impacto no sistema financeiro.

O caso do LTCM serviu como um lembrete sombrio da imprevisibilidade e da complexidade dos mercados financeiros. Mesmo os modelos matemáticos mais sofisticados e as estratégias de investimento mais avançadas não são infalíveis quando confrontados com a volatilidade e a imprevisibilidade dos mercados. O evento sublinhou a importância de uma gestão de risco sólida e da compreensão das limitações dos modelos teóricos em condições de mercado extremas.

Entre Bytes e Bolhas: A Revolução da Internet e a Bolha da NASDAQ

O SURGIMENTO DA INTERNET foi um dos eventos mais revolucionários da história moderna, marcando uma nova era na comunicação, no comércio e no acesso à informação. A capacidade de conectar bilhões de pessoas e compartilhar informações em tempo real transformou profundamente todos os aspectos da vida cotidiana e da economia global. Essa revolução digital não apenas redefiniu a forma como interagimos com o mundo, mas também abriu portas para inovações que ainda moldam nossa sociedade.

Durante a década de 1990, o mercado de capitais desempenhou um papel crucial no impulsionamento da revolução da internet. Com o advento de novas tecnologias e a promessa de mudanças disruptivas, investidores e empresas estavam ávidos para aproveitar as oportunidades emergentes. Esse entusiasmo gerou uma onda de investimentos em startups de tecnologia e empresas de internet, levando à criação de uma bolha especulativa no mercado de ações. O fenômeno é frequentemente comparado à bolha das ferrovias do século XIX e ambas podem ser consideradas "bolhas de novas tecnologias". Assim como o investimento frenético em ferrovias durante a Revolução Industrial levou a uma bolha especulativa, a corrida por investimentos em tecnologia e internet criou uma bolha nas ações de empresas de tecnologia.

O paralelismo entre as duas bolhas é notável. A bolha das ferrovias no século XIX foi alimentada pela promessa de uma nova era de transporte que conectaria regiões e impulsionaria o crescimento econômico. Da mesma forma, a bolha da internet foi alimentada pela promessa de uma nova era de comunicação e comércio que transformaria a economia global. Ambos os períodos foram marcados por uma combinação de otimismo exagerado e especulação intensa, resultando em avaliações inflacionadas e eventual colapso quando as expectativas não foram atendidas.

Um dos fatores críticos que contribuíram para o surgimento da bolha da NASDAQ foi a dificuldade dos modelos tradicionais de valuation em lidar com empresas emergentes que ainda não geravam lucros. Modelos como o fluxo de caixa descontado (FCD), que são amplamente usados para avaliar empresas maduras e lucrativas, enfrentaram desafios significativos ao tentar avaliar startups e empresas de tecnologia em estágio inicial. O FCD depende de projeções de fluxos de caixa futuros, mas muitas das empresas envolvidas na bolha da .com eram jovens e estavam longe de alcançar a rentabilidade. Essas empresas muitas vezes apresentavam apenas promessas de crescimento futuro, sem uma base sólida de lucros ou fluxos de caixa.

A dificuldade em avaliar essas empresas levou a uma sobreavaliação generalizada. Investidores, em vez de se basear em fundamentos sólidos, muitas vezes investiam com base em especulação e otimismo exacerbado. A falta de um modelo de avaliação adequado para empresas emergentes permitiu que os preços das ações fossem inflacionados sem uma análise rigorosa dos fundamentos financeiros. Essa dissonância entre as avaliações de mercado e a realidade financeira contribuiu para a formação e eventual estouro da bolha.

Alan Greenspan, presidente do Federal Reserve na época, estava ciente dos riscos associados à bolha das .com e expressou preocupações sobre o comportamento especulativo do mercado. Em 1996, Greenspan proferiu um discurso famoso onde usou a frase "exuberância irracional" (citando o título do livro de Robet Shiller) para descrever o comportamento dos investidores. Esse termo foi amplamente interpretado como uma referência à especulação desenfreada e à supervalorização das ações de tecnologia. Greenspan estava preocupado que o entusiasmo excessivo e a especulação no mercado de ações poderiam levar a uma bolha que, eventualmente, resultaria em uma correção dolorosa.

A alta das taxas de juros pelo Federal Reserve também desempenhou um papel significativo na dinâmica do mercado. Em resposta ao superaquecimento da economia e à inflação crescente, o Fed começou a aumentar as taxas de juros no final de 1999 e início de 2000. A elevação das taxas tornou o crédito mais caro e reduziu o apetite dos investidores por ativos especulativos. Essa política monetária ajudou a desencadear a correção do mercado e a precipitar o estouro da bolha.

O estouro da bolha da NASDAQ foi um evento marcante e doloroso. Em março de 2000, o índice NASDAQ Composite atingiu seu pico histórico de 5.048 pontos, refletindo a valorização extrema das ações de tecnologia e internet. No entanto, a partir desse ponto, o índice começou a cair rapidamente. A correção foi brutal e implacável. Em outubro de 2002, o NASDAQ havia perdido aproximadamente 78% de seu valor, caindo para cerca de 1.114 pontos. Essa queda foi uma das maiores perdas de valor já registradas em um índice de ações e teve um impacto profundo no mercado financeiro e na economia em geral.

Empresas que haviam sido estrelas durante a bolha enfrentaram quedas dramáticas em seus valores de mercado. Pets.com, conhecida por seu icônico mascote de cachorro, viu seu valor disparar durante a bolha, mas foi forçada a fechar em 2000, poucos meses após seu IPO. Webvan, um serviço ambicioso de entrega de supermercado online, também entrou em falência em 2001 após enfrentar dificuldades financeiras insustentáveis. eToys, uma varejista online de brinquedos, experimentou uma queda acentuada e acabou indo à falência no mesmo ano. Essas empresas se tornaram símbolos do excesso de especulação e da falência de modelos de negócios insustentáveis que marcaram o fim da bolha.

As consequências negativas da bolha das .com foram profundas e abrangentes. O colapso das ações de tecnologia causou grandes perdas financeiras para investidores e instituições. Muitas empresas faliram ou enfrentaram dificuldades financeiras severas, resultando em demissões e uma desaceleração econômica. O mercado de capitais sofreu um golpe significativo, e a confiança dos investidores foi abalada. O mercado de tecnologia e internet passou por uma reavaliação crítica, levando a uma maior ênfase na sustentabilidade e na rentabilidade em vez de apenas crescimento acelerado.

No entanto, por incrível que pareça, a bolha da .com também trouxe consequências positivas. A corrida frenética de investimentos e a euforia em torno da internet resultaram em um rápido desenvolvimento da infraestrutura da web. O capital investido durante o período da bolha ajudou a construir uma base sólida para a internet moderna. A expansão de data centers, redes de telecomunicações e serviços de banda larga melhorou significativamente a capacidade e a eficiência da web. O desenvolvimento de Redes de Entrega de Conteúdo (CDNs) também foi um resultado direto do crescimento acelerado e da demanda por serviços online. Essas melhorias na infraestrutura criaram um ambiente mais robusto e eficiente para o crescimento contínuo da internet e para inovações tecnológicas futuras.

Além disso, o período pós-bolha viu um fortalecimento das práticas de governança corporativa e uma maior prudência por parte dos investidores. As lições aprendidas com a bolha da .com ajudaram a moldar um mercado financeiro mais informado e mais equilibrado. As reformas regulatórias e o aumento da transparência ajudaram a prevenir excessos futuros e a promover uma abordagem mais equilibrada para o investimento e a inovação.

Em resumo, a bolha da NASDAQ e o subsequente colapso foram um capítulo significativo na história financeira e tecnológica. O entusiasmo desenfreado pela internet levou a uma especulação exagerada e à criação de uma bolha que, no fim, estourou. No entanto, as lições aprendidas e os avanços tecnológicos resultantes desse período tumultuado ajudaram a moldar a internet e a economia digital que conhecemos hoje. A bolha da NASDAQ serve como um lembrete poderoso da natureza cíclica dos mercados financeiros e da importância de uma abordagem equilibrada e fundamentada para o investimento e a inovação.

Subprime 2008: A Tempestade Imobiliária que Abalou o Mundo

À MEDIDA QUE o novo milênio avançava, a economia global começava a se recuperar das cicatrizes deixadas pelo colapso da bolha da internet. O início dos anos 2000 trouxe um ambiente mais estável, embora marcado por um ceticismo renovado. A bolha das ações de tecnologia havia explodido, e o mercado de capitais estava se ajustando a uma nova realidade. No entanto, com a recuperação gradual dos mercados e a estabilização econômica, surgiu uma nova tendência entre investidores: a busca por ativos reais, como imóveis.

Com a recuperação da economia, a preferência dos investidores começou a mudar. O mercado imobiliário passou a ser visto como um porto seguro em comparação com o mercado de ações, que ainda estava se recuperando dos excessos da bolha da internet. Imóveis ofereciam a promessa de retornos tangíveis e segurança, especialmente em um ambiente de taxas de juros baixas. A valorização constante dos imóveis parecia garantida, e o investimento em propriedades tornou-se um refúgio atraente para aqueles que buscavam segurança e valorização.

O contexto econômico favorável foi amplificado por uma série de mudanças no ambiente financeiro. A década de 2000 foi marcada por uma política monetária extremamente acomodatícia, com o Federal Reserve mantendo as taxas de juros em níveis historicamente baixos para estimular o crescimento econômico. Esse ambiente de juros baixos facilitou o acesso ao crédito e incentivou o endividamento, tanto para consumidores quanto para instituições financeiras. As hipotecas tornaram-se mais acessíveis, e a concessão de crédito imobiliário se expandiu, incluindo empréstimos para mutuários com perfil de risco mais elevado, conhecidos como subprime.

A transformação do mercado imobiliário foi acompanhada pelo surgimento de novos instrumentos financeiros projetados para capitalizar o crescimento do setor. Os títulos lastreados em hipotecas (MBS) e os Collateralized Debt Obligations (CDOs) tornaram-se populares. Esses instrumentos permitiram que os bancos securitizassem hipotecas e as vendessem a investidores, transferindo o risco de crédito para terceiros. Os MBS e CDOs prometiam retornos atraentes e eram amplamente aceitos pelos investidores, que confiavam na continuidade da valorização dos imóveis.

No entanto, a confiança dos bancos na valorização dos imóveis era baseada em premissas instáveis. À medida que a demanda por imóveis continuava a crescer, a qualidade dos empréstimos começou a deteriorar. Os bancos começaram a conceder hipotecas a mutuários com baixo histórico de crédito, conhecidos como "NINJAs" (No Income, No Job, No Assets - Sem Renda, Sem Emprego, Sem Ativos), que frequentemente não tinham condições de pagar as hipotecas que estavam assumindo. Esses empréstimos arriscados foram agrupados e vendidos como produtos financeiros sofisticados, criando uma teia complexa de risco financeiro.

A crise começou a se desenhar quando o mercado imobiliário começou a desacelerar. O aumento da inadimplência nos pagamentos das hipotecas subprime e a estagnação nos preços dos imóveis começaram a impactar negativamente os títulos lastreados em hipotecas e CDOs. Com a perda de valor desses ativos, a confiança no sistema financeiro começou a desmoronar. O mercado imobiliário, que parecia uma aposta segura, revelou-se um campo minado de riscos ocultos.

Os números refletem a profundidade da crise. O índice S&P 500, que mede o desempenho das 500 maiores empresas dos EUA, atingiu seu pico antes da crise em outubro de 2007, com uma cotação de aproximadamente 1.565 pontos. No entanto, o índice despencou durante a crise, chegando ao seu ponto mais baixo em março de 2009, com uma cotação de aproximadamente 676 pontos. Essa queda representou uma perda de cerca de 57% do valor do índice, marcando uma das maiores quedas percentuais na história do S&P 500.

Simultaneamente, o mercado imobiliário também enfrentou uma queda acentuada. O Índice de Preços de Imóveis de Shiller, que acompanha os preços das propriedades residenciais nos EUA, mostrou uma valorização significativa antes da crise, com preços atingindo picos históricos. No entanto, a partir do final de 2006, os preços começaram a cair drasticamente. O Índice Shiller, que havia atingido cerca de 206 pontos em 2006, caiu para aproximadamente 135 pontos no final de 2008, representando uma perda de mais de 34% em seu valor. Essa queda nos preços dos imóveis refletiu a deterioração do mercado imobiliário e a perda de valor de muitos ativos relacionados.

O impacto da crise foi devastador e teve consequências profundas. Vários grandes bancos e instituições financeiras, fortemente expostos a ativos imobiliários problemáticos, começaram a enfrentar sérias dificuldades financeiras. Lehman Brothers, um dos maiores bancos de investimento dos EUA, declarou falência em setembro de 2008, após ter se exposto excessivamente a ativos hipotecários de alto risco. Bear Stearns, outro grande banco de investimento, foi forçado a ser vendido a JPMorgan Chase por uma fração de seu valor de mercado devido a uma crise de liquidez. Washington Mutual, o maior banco de poupança dos EUA, entrou em falência e foi adquirido pelo JPMorgan Chase. Wachovia também enfrentou grandes dificuldades e foi adquirida pelo Wells Fargo.

O governo dos EUA e o Federal Reserve intervieram com medidas de emergência para estabilizar o sistema financeiro. O Programa de Alívio de Ativos Problemáticos (TARP) foi criado para fornecer capital a instituições financeiras em dificuldades. O TARP permitiu ao Departamento do Tesouro comprar ações preferenciais e fornecer apoio financeiro a bancos e instituições em risco. O Citibank, uma das maiores instituições afetadas, recebeu $45 bilhões em capital do TARP e garantias adicionais do Federal Reserve para proteger seus ativos e manter sua estabilidade.

Um fator significativo que contribuiu para a crise foi a revogação do Glass-Steagall Act em 1999. O Glass-Steagall Act, originalmente implementado durante a Grande Depressão, separava as atividades bancárias comerciais das bancárias de investimento. Sua revogação permitiu que os bancos se envolvessem em uma ampla gama de atividades financeiras, incluindo a negociação de títulos e a securitização de hipotecas. A combinação dessas atividades em grandes instituições financeiras aumentou o risco sistêmico e a exposição ao mercado imobiliário, contribuindo para a crise do subprime.

As consequências da crise do subprime foram profundas e duradouras. A crise resultou em uma recessão global, com impactos econômicos significativos, incluindo altas taxas de desemprego, queda na produção industrial e uma contração econômica generalizada.

A crise do subprime também gerou um interesse renovado em explorar e entender suas causas e efeitos. Filmes e documentários como "The Big Short" (2015) e "Inside Job" (2010) forneceram análises detalhadas e acessíveis sobre os eventos que levaram à crise e os impactos resultantes. "The Big Short", dirigido por Adam McKay e baseado no livro de Michael Lewis, oferece uma visão crítica e envolvente dos personagens que previram o colapso do mercado imobiliário. O documentário "Inside Job", dirigido por Charles Ferguson, examina as falhas sistêmicas e práticas financeiras questionáveis que contribuíram para a crise.

Em conclusão, a crise do subprime foi um evento complexo que resultou de uma combinação de fatores econômicos, financeiros e regulatórios. A recuperação econômica após a bolha da internet levou a um aumento na demanda por ativos reais, como imóveis, e a uma expansão do crédito imobiliário. A concessão de hipotecas subprimes, a criação de produtos financeiros complexos e a revogação do Glass-Steagall Act contribuíram para o colapso do mercado imobiliário. O impacto da crise foi profundo, resultando na falência de grandes instituições financeiras, na implementação de medidas governamentais para estabilizar o sistema e em uma recessão global com consequências duradouras. O estudo da crise e as representações em filmes e documentários continuam a fornecer lições valiosas sobre os riscos e a complexidade do sistema financeiro global.

O Charme do Engano: Bernard Madoff e o Esquema que Surpreendeu a Todos

A crise financeira global de 2008, desencadeada pelo colapso do mercado de hipotecas subprime, trouxe à tona não apenas o colapso de instituições financeiras e a recessão econômica, mas também expôs um esquema de fraude de magnitude histórica: o caso Bernard Madoff. Embora o conceito de esquema Ponzi não seja novo, o caso Madoff se destaca como um dos mais emblemáticos e devastadores da história financeira. Madoff não só aplicou a teoria do esquema Ponzi em uma escala nunca antes vista, mas também conseguiu perpetuar a fraude por décadas, enganando investidores e autoridades com uma combinação de charme, influência e manipulação.

Bernard Madoff nasceu em 29 de abril de 1938, em Nova York. Formou-se em economia na Universidade de Hofstra em 1960. No mesmo ano, fundou a Bernard L. Madoff Investment Securities LLC, que inicialmente começou como uma empresa de corretagem. A empresa rapidamente se estabeleceu como uma das principais na indústria, com Madoff assumindo um papel de destaque como um dos membros fundadores da NASDAQ e, posteriormente, atuando em comitês de ética da bolsa. Sua influência e status respeitável ajudaram a criar uma fachada de legitimidade que seria crucial para o sucesso de sua fraude.

O esquema Ponzi, que leva o nome de Charles Ponzi, consiste em pagar retornos a investidores antigos utilizando o capital de novos investidores, em vez de gerar lucros reais com investimentos legítimos. Bernard Madoff operava um esquema similar, mas em uma escala monumental. Ele falsificava documentos financeiros e manipulava os resultados de investimentos para criar a ilusão de retornos consistentemente elevados. A empresa de Madoff, que parecia estar gerando retornos invejáveis e consistentes, atraía uma clientela de alto perfil e instituições financeiras, que consideravam os retornos oferecidos por Madoff não apenas plausíveis, mas até excepcionalmente generosos.

A operação do esquema era sofisticada. Madoff mantinha dois andares distintos em seu escritório em Manhattan: um para as operações legítimas e outro para a administração da fraude. Esse arranjo ajudava a esconder as provas e a separar as atividades legítimas das fraudulentas. Além disso, Madoff implementou medidas para controlar os resgates. Ele incentivava os investidores a manterem seus fundos, alegando que aqueles que retirassem o dinheiro não poderiam retornar ao esquema, o que ajudava a evitar saídas massivas e a manter o fluxo de novos investimentos.

Os retornos prometidos por Madoff eram falsos, mas sua capacidade de manter uma aparência de sucesso fez com que muitos investidores, incluindo figuras proeminentes e instituições respeitáveis, acreditassem na legitimidade de seu esquema. Madoff burlou a fiscalização, em parte devido à sua posição influente e à confiança que sua reputação havia gerado. Suas atividades fraudulentas continuaram a crescer, enquanto ele cuidadosamente evitava levantar suspeitas.

O esquema de Madoff começou a desmoronar em 2008, quando a crise financeira global agravou a pressão sobre o sistema. O colapso do mercado subprime deixou muitos investidores ansiosos para retirar seus fundos, o que expôs a falência do esquema. Com a crescente demanda por resgates e a falta de novos investidores para cobrir as retiradas, Madoff foi incapaz de manter a ilusão e, eventualmente, confessou a fraude à sua família. Em dezembro de 2008, Madoff foi preso e acusado de operar o maior esquema Ponzi da história.

O impacto financeiro foi devastador. Investidores individuais e instituições perderam bilhões de dólares. Entre as vítimas estavam pessoas de destaque e organizações filantrópicas. O caso Madoff não só causou prejuízos financeiros significativos, mas também abalou a confiança no sistema financeiro e na supervisão das instituições de investimento.

Bernard Madoff foi condenado a 150 anos de prisão em junho de 2009, uma sentença que refletia a gravidade e a amplitude da fraude. Sua condenação marcou o fim de um dos capítulos mais sombrios da história financeira moderna.

A história de Madoff e sua fraude monumental também inspiraram uma série de filmes, documentários e livros. O filme "Madoff: The Monster of Wall Street" da Netflix explora a profundidade e a complexidade do caso, fornecendo uma visão crítica sobre como Madoff conseguiu perpetuar sua fraude. Além disso, o livro "The Wizard of Lies: Bernie Madoff and the Death of Trust" de Diana B. Henriques oferece uma análise detalhada do esquema e das consequências para os investidores. Esses trabalhos não só documentam os eventos e as consequências da fraude, mas também ajudam a entender os mecanismos e as falhas que permitiram que um esquema Ponzi tão vasto se desenvolvesse.

O caso Madoff destaca as vulnerabilidades do sistema financeiro e a facilidade com que investidores, mesmo os mais sofisticados, podem ser enganados por charlatães. As pessoas caem em golpes como o de Madoff devido a uma combinação de confiança excessiva, a reputação de investidores influentes e a promessa de retornos elevados e consistentes. A fascinante combinação de credibilidade, glamour e manipulação é um lembrete sombrio de que a supervisão e a diligência contínuas são essenciais para proteger o sistema financeiro contra fraudes.

Assim, o caso Bernard Madoff não apenas ilustra os perigos dos esquemas Ponzi e a necessidade de supervisão rigorosa, mas também serve como um estudo de caso sobre como a confiança e a reputação podem ser manipuladas para enganar até mesmo os investidores mais vigilantes. Ao refletirmos sobre os eventos que levaram à exposição de Madoff e às suas repercussões, vemos a importância de uma abordagem crítica e informada para evitar que tais fraudes se repitam no futuro.

O Novo Normal Financeiro: Impactos e Lições da Crise da COVID-19

Quando a pandemia de COVID-19 estourou, ninguém imaginava que ela se tornaria um terremoto para o sistema financeiro global. A crise, que começou como uma ameaça de saúde pública, rapidamente se desdobrou em uma série de desafios econômicos e financeiros que reconfiguraram profundamente a maneira como os mercados e instituições operam. O impacto foi imediato e violento: em um mês, o índice S&P 500 despencou cerca de 34%, refletindo o pânico generalizado dos investidores e o temor de uma recessão global iminente. A volatilidade nos mercados foi um reflexo direto desse medo, mas também foi a base para uma recuperação rápida, impulsionada por intervenções massivas dos bancos centrais e governos ao redor do mundo.

Com os mercados financeiros em crise, os bancos centrais entraram em cena como os salvadores da economia. O Federal Reserve, por exemplo, cortou as taxas de juros para quase zero e lançou um programa de compra de ativos em larga escala. O Banco Central Europeu e outras instituições financeiras globais seguiram uma abordagem semelhante, adquirindo títulos de dívida pública e privada para garantir a liquidez do mercado e apoiar a economia. Esses esforços, embora eficazes em restaurar a confiança dos investidores e diminuir a volatilidade, geraram debates sobre seus efeitos de longo prazo na estabilidade financeira e nas crescentes desigualdades econômicas.

A desaceleração econômica global provocada pela pandemia foi profunda e rápida. Setores inteiros, como turismo, aviação e varejo, sofreram impactos severos, com muitas empresas enfrentando dificuldades financeiras extremas e falências. O aumento no desemprego e a queda abrupta do PIB em muitos países foram um reflexo direto dessas dificuldades. Para mitigar esses impactos, governos ao redor do mundo introduziram pacotes de estímulo fiscal. Nos Estados Unidos, o CARES Act ofereceu subsídios diretos, empréstimos emergenciais para pequenas empresas e suporte adicional ao sistema de saúde. Na Europa e na America Latina pacotes semelhantes foram implementados, com o objetivo de apoiar a economia e proteger empregos. Apesar de fornecer alívio imediato, essas medidas também levantaram questões sobre a sustentabilidade da dívida pública e as implicações para a economia global a longo prazo.

Uma das mudanças mais notáveis provocadas pela pandemia foi a aceleração da digitalização dos serviços financeiros. O distanciamento social e as restrições de mobilidade forçaram muitos investidores e consumidores a adotar plataformas digitais para negociação, investimentos e gerenciamento de finanças pessoais. As fintechs, já em ascensão, experimentaram um crescimento explosivo, à medida que mais pessoas buscavam soluções digitais para suas necessidades financeiras. O foco dos investidores também mudou significativamente, com um aumento notável nos investimentos em setores relacionados à tecnologia e saúde. A pandemia ressaltou a importância da inovação tecnológica e da capacidade de resposta rápida, impulsionando o interesse em biotecnologia, farmacêuticas e tecnologias de saúde. O comércio eletrônico e as plataformas digitais se expandiram, refletindo uma mudança duradoura nas preferências dos consumidores e na operação dos negócios.

No entanto, a pandemia não fez nada além de acirrar as desigualdades econômicas existentes. Trabalhadores de baixa renda e pequenas empresas foram desproporcionalmente afetados. Os trabalhadores temporários e de meio período enfrentaram perdas significativas de renda e o aumento do desemprego, enquanto pequenas empresas, frequentemente com menos recursos e acesso a crédito, lutaram para sobreviver. As disparidades econômicas foram ainda mais exacerbadas por diferenças no acesso a cuidados de saúde e suporte social. As comunidades de baixa renda e minorias, desproporcionalmente afetadas pelo vírus, enfrentaram desafios adicionais para obter cuidados médicos e apoio financeiro. Esses problemas geraram um debate crescente sobre a necessidade de políticas públicas que abordem essas desigualdades e promovam a inclusão financeira e social.

A crise revelou também a necessidade urgente de revisar e fortalecer as políticas regulatórias e de supervisão financeira. Embora muitos reguladores tenham se concentrado em garantir a estabilidade do sistema financeiro e proteger os investidores, a pandemia expôs falhas nas estruturas regulatórias existentes, especialmente na capacidade de lidar com crises globais imprevistas. Reguladores financeiros começaram a revisar e atualizar suas abordagens para supervisão de instituições financeiras e mercados, destacando a importância de mecanismos de monitoramento eficazes e de garantir que as instituições financeiras estejam preparadas para crises futuras. A pandemia também trouxe à tona a necessidade de maior transparência e comunicação entre reguladores, instituições financeiras e o público.

O setor bancário, por sua vez, demonstrou uma resiliência notável durante a pandemia, em parte graças às regulamentações de capital mais rigorosas implementadas após a crise financeira de 2008. Os testes de estresse e exigências de capital ajudaram os bancos a enfrentar a crise sem comprometer sua estabilidade. No entanto, a crise também destacou a necessidade de monitoramento contínuo da saúde financeira das instituições e a importância de manter práticas prudentes de gestão de risco. O setor de seguros, igualmente, enfrentou desafios significativos, lidando com grandes pagamentos relacionados a sinistros e a necessidade de adaptar seus modelos de risco e precificação. As seguradoras tiveram que reavaliar suas estratégias para lidar com o aumento dos riscos e garantir a viabilidade financeira.

Com a digitalização crescente durante a pandemia, houve um aumento proporcional nos ataques cibernéticos e fraudes. Mais transações e interações financeiras online criaram oportunidades para golpistas explorarem vulnerabilidades nos sistemas. Instituições financeiras e consumidores enfrentaram um crescimento nos ataques de phishing, fraudes de identidade e outros crimes cibernéticos. A necessidade de investir em segurança cibernética tornou-se mais evidente, com instituições financeiras reforçando suas defesas para proteger dados e transações financeiras. A pandemia sublinhou a importância de sistemas robustos de segurança cibernética e práticas de proteção para garantir a integridade das informações financeiras.

Além disso, a pandemia acelerou mudanças significativas no trabalho e na economia. A transição para o trabalho remoto e a modificação das dinâmicas do mercado de trabalho levaram a uma reavaliação das necessidades de espaço comercial e à adoção de modelos de trabalho mais flexíveis. Essas mudanças têm implicações para a demanda por imóveis comerciais e residenciais, assim como para as estratégias das empresas em relação ao trabalho e à produtividade. A crise também destacou a vulnerabilidade das cadeias de suprimento globalizadas e a importância de ter uma abordagem mais resiliente e diversificada para enfrentar riscos futuros. A necessidade de adaptar modelos de negócios e estratégias para lidar com eventos inesperados tornou-se uma prioridade para muitas empresas.

Em resumo, a pandemia de COVID-19 transformou o panorama financeiro de maneiras profundas e duradouras. As mudanças ocorridas durante a crise oferecem uma perspectiva valiosa sobre a evolução e a adaptação do sistema financeiro, ressaltando a importância da resiliência, da inovação e da preparação para enfrentar desafios futuros. As lições aprendidas durante a pandemia irão, sem dúvida, moldar a forma como o sistema financeiro global enfrenta crises e se adapta às mudanças nas circunstâncias globais. A capacidade de gerenciar riscos, adaptar-se rapidamente e desenvolver soluções eficazes será crucial para garantir a estabilidade e a sustentabilidade do sistema financeiro no futuro.

Criptoativos e Blockchain: A Inovação que Está Remodelando o Mercado Financeiro

No tumultuoso cenário financeiro global, o advento dos criptoativos e da tecnologia blockchain emerge como uma das inovações mais disruptivas do século XXI. Essa transformação não ocorre em um vácuo; ao contrário, acontece em meio a uma revolução tecnológica que redefine não apenas o nosso entendimento de dinheiro e transações, mas também a própria estrutura do sistema financeiro.

Imagine o sistema financeiro tradicional como um enorme labirinto de corredores e portas trancadas. Ao longo das décadas, essas portas foram abertas por intermediários – bancos, instituições financeiras e processadores de pagamentos – que garantiam que o dinheiro chegasse ao destino correto, que as transações fossem seguras e que tudo funcionasse conforme o esperado. No entanto, a pandemia de COVID-19, com suas consequências econômicas devastadoras, expôs as fragilidades desse sistema. A crise revelou que as instituições financeiras, embora robustas, eram frequentemente lentas e burocráticas. Nesse cenário, os criptoativos e o blockchain surgem não apenas como alternativas, mas como novas avenidas para uma forma mais ágil e transparente de realizar transações.

A história do blockchain começa com a criação do Bitcoin, por um indivíduo ou grupo sob o pseudônimo de Satoshi Nakamoto, em 2009. O Bitcoin e suas criptografias subsequentes não são apenas moedas digitais; são a base de um novo paradigma de registro e verificação de transações. O blockchain, a tecnologia que sustenta os criptoativos, é um livro-razão digital descentralizado e imutável. Em vez de confiar em uma única entidade para validar e registrar transações, o blockchain distribui essa tarefa entre uma rede de computadores, chamada de nodes. Cada transação é registrada em um bloco e adicionada a uma cadeia de blocos, que não pode ser alterada sem o consenso da rede. Assim, o sistema se torna não apenas transparente, mas quase impossível de ser corrompido.

A beleza do blockchain reside na sua capacidade de operar sem intermediários. Tradicionalmente, uma transação financeira pode exigir a intervenção de bancos, processadores de pagamentos e outras partes para garantir que o dinheiro chegue ao destino correto e que as partes envolvidas sejam autenticadas. Com o blockchain, muitos desses intermediários podem ser eliminados. As transações são verificadas e registradas diretamente na rede, reduzindo os custos e a complexidade.

Para entender a magnitude dessa mudança, considere a forma como o sistema financeiro tradicional lida com transferências internacionais. Uma simples transferência pode levar dias para ser concluída devido ao número de intermediários e ao processo de verificação. Com o blockchain, essas transferências podem ser realizadas em minutos, sem a necessidade de passar por diversas instituições, com custos muito menores. A promessa de um sistema financeiro mais eficiente e acessível está se tornando realidade, especialmente para aqueles que vivem em regiões onde os serviços bancários são limitados ou inexistem.

Além da eficiência, a transparência é uma característica marcante do blockchain. Em um sistema financeiro tradicional, o processo de auditoria e verificação pode ser complexo e opaco. No blockchain, cada transação é registrada em um livro-razão acessível a todos os participantes da rede, permitindo que qualquer pessoa possa verificar a integridade das transações. Essa transparência não só aumenta a confiança no sistema, mas também reduz a probabilidade de fraudes e manipulações.

A inovação não para por aí. A introdução dos contratos inteligentes, que são programas de computador que executam automaticamente as condições predefinidas, adicionou uma nova dimensão ao blockchain. Esses contratos inteligentes permitem a criação de aplicativos descentralizados (dApps) que podem automatizar uma vasta gama de processos, desde a emissão de empréstimos até a gestão de seguros. Por exemplo, um contrato inteligente pode liberar automaticamente o pagamento de um seguro em caso de um evento específico, como um desastre natural, sem a necessidade de intervenção humana. Esse nível de automação e precisão tem o potencial de transformar profundamente a forma como os serviços financeiros e comerciais operam.

A tokenização de ativos é outra inovação significativa trazida pelo blockchain. A tokenização refere-se ao processo de criar representações digitais de ativos físicos ou digitais, como imóveis ou ações, que são registradas em um blockchain. Isso permite que esses ativos sejam negociados de maneira mais eficiente e acessível, facilitando a liquidez e a divisão de ativos em frações menores. Assim, um imóvel pode ser dividido em milhares de tokens que representam pequenas frações do ativo, permitindo que mais pessoas participem do mercado imobiliário.

No entanto, com todas essas promessas, surgem desafios e preocupações. A volatilidade dos criptoativos, por exemplo, pode ser um obstáculo significativo para a adoção generalizada. O valor do Bitcoin e de outras criptomoedas pode flutuar drasticamente em curtos períodos de tempo, o que pode afastar investidores e usuários em potencial. Além disso, a falta de uma regulamentação uniforme pode criar incertezas e riscos, tanto para os investidores quanto para as instituições financeiras que buscam adotar essas novas tecnologias.

A regulamentação é uma questão complexa e em evolução. Os reguladores em todo o mundo estão tentando encontrar um equilíbrio entre incentivar a inovação e proteger os consumidores. Alguns países adotaram abordagens mais rígidas, enquanto outros têm sido mais receptivos. A falta de uma abordagem global coordenada pode criar um cenário de incerteza e dificultar a interoperabilidade entre diferentes sistemas e mercados.

Outro desafio significativo é a segurança cibernética. Com o aumento das transações digitais, também houve um aumento nos ataques cibernéticos e fraudes. As instituições financeiras e os usuários precisam estar vigilantes e investir em segurança robusta para proteger suas informações e transações. A tecnologia blockchain, embora ofereça uma segurança intrínseca, não é imune a ataques. O desenvolvimento contínuo de técnicas de segurança cibernética será crucial para garantir a integridade e a proteção do sistema.

A crescente digitalização dos serviços financeiros durante a pandemia acelerou a adoção de tecnologias baseadas em blockchain e criptoativos. À medida que mais pessoas e empresas buscam soluções digitais para suas necessidades financeiras, a demanda por essas tecnologias está crescendo. O blockchain e os criptoativos estão se tornando não apenas uma alternativa aos sistemas tradicionais, mas também uma parte integral da evolução do setor financeiro.

À medida que olhamos para o futuro, é evidente que o blockchain e os criptoativos terão um impacto duradouro no sistema financeiro. Eles prometem criar um sistema mais eficiente, transparente e acessível, mas também exigem que enfrentemos novos desafios e questões. A evolução contínua dessas tecnologias e a forma como lidamos com suas implicações serão determinantes para moldar o futuro do sistema financeiro global. O que está claro é que estamos apenas no início de uma nova era financeira, onde a inovação e a adaptação serão fundamentais para o sucesso e a sustentabilidade.

Vislumbrando o Futuro

Ao olharmos para o futuro do setor bancário nas próximas duas décadas, torna-se evidente que estamos à beira de uma transformação profunda e irrevogável. O cenário que se desenha é de um setor completamente digitalizado, onde os bancos tradicionais, para sobreviver, estão tendo que abraçar a inovação e adaptar suas operações para competir em um mercado cada vez mais dominado por fintechs ágeis e centrados no cliente.

A inteligência artificial, que já começa a moldar diversos aspectos do setor financeiro, se tornará o coração pulsante das operações bancárias, permitindo desde a automação de processos rotineiros até a criação de experiências profundamente personalizadas para os clientes. A promessa de um mundo bancário interconectado, facilitado por open banking e blockchain, está cada vez mais próxima de se concretizar, redefinindo a maneira como pensamos sobre dados, segurança e confiança nas instituições financeiras.

No entanto, com essas inovações, surgem também novos desafios. A segurança cibernética, que já é uma preocupação central, se tornará ainda mais crítica à medida que o volume de transações digitais aumenta e que novas ameaças emergem. Bancos e reguladores terão que estar em constante vigilância, desenvolvendo mecanismos para proteger os dados e o dinheiro dos clientes em um ambiente digital que evolui a cada dia.

A sustentabilidade também passará a ser um dos pilares do setor financeiro. A pressão por práticas responsáveis e por investimentos em projetos sustentáveis crescerá, e os bancos terão que liderar pelo exemplo, financiando inovações que contribuam para um futuro mais verde e socialmente justo.

A questão da inclusão financeira se tornará uma das maiores promessas do setor, com a tecnologia finalmente oferecendo uma solução real para milhões de pessoas ao redor do mundo que ainda não têm acesso a serviços bancários básicos. A digitalização e a mobilidade permitirão que serviços financeiros cheguem a lugares onde nunca antes existiram, empoderando comunidades inteiras e abrindo novas fronteiras para o crescimento econômico.

À medida que o setor bancário avança, ele também se tornará mais colaborativo. A era em que bancos competiam ferozmente uns com os outros, sem olhar para os lados, está acabando. Em seu lugar, veremos um ecossistema onde parcerias estratégicas com fintechs e outras startups tecnológicas serão fundamentais para o desenvolvimento de novas soluções financeiras.

Por fim, resta a grande pergunta: qual será o papel do setor bancário em um mundo que está mudando tão rapidamente? Conseguirão as instituições financeiras se adaptar suficientemente rápido para manterem sua relevância, como fizeram desde as suas origens e conforme foi sendo retratado neste livro?

O futuro do setor bancário é um reflexo de sua capacidade de se reinventar, de aprender com o passado e de olhar para frente com uma mentalidade aberta e inovadora. A história nos mostra que aqueles que resistem às mudanças muitas vezes são deixados para trás. Mas para aqueles que abraçam a transformação, o futuro pode ser não apenas promissor, mas também profundamente gratificante. Ao final desta jornada de exploração do passado e de previsão do futuro, fica claro que a única certeza é a da mudança – e o setor bancário, como sempre, estará no centro dessas mudanças, moldando e sendo moldado por elas, à medida que o mundo financeiro continua a evoluir.

Conclusão

Ao longo destas páginas, viajamos pela fascinante história do mercado financeiro, desde as primeiras civilizações até os complexos criptoativos que moldam a economia global contemporânea. Essa jornada revelou não apenas a evolução das ferramentas e instituições financeiras, mas também como o dinheiro, em todas as suas formas, influenciou profundamente as sociedades, culturas e relações humanas.

O sistema financeiro, muitas vezes criticado por sua opacidade e complexidade, mostrou-se também como um dos motores mais poderosos do progresso. Ele transformou trocas rudimentares em redes globais de comércio, permitiu a realização de empreendimentos visionários e forneceu estabilidade para nações inteiras em tempos de incerteza. No entanto, como vimos em momentos marcantes como o crash de 1929, a bolha da NASDAQ e a crise de 2008, a busca pelo lucro sem limites pode trazer consequências devastadoras.

Essa ambivalência – entre o progresso e o risco, entre a inovação e os excessos – é o que torna a história do mercado financeiro tão rica e relevante. É também o que nos lembra da necessidade de equilíbrio: a criação de sistemas que incentivem o crescimento econômico, mas que também sejam regulados de forma a proteger as sociedades que servem.

Enquanto olhamos para o futuro, o papel do sistema financeiro continua a se expandir e a se transformar. As inovações tecnológicas, como o blockchain e os criptoativos, desafiam modelos tradicionais e abrem portas para um mundo mais descentralizado e acessível. Por outro lado, as questões de sustentabilidade financeira e social nos lembram que o crescimento deve estar alinhado com a preservação de recursos e com a equidade global.

Mais do que um simples registro de eventos, este livro busca inspirar reflexões. Como podemos aprender com os erros do passado para construir um sistema financeiro mais justo e eficiente? Quais são os limites éticos que devemos respeitar? E, acima de tudo, como o dinheiro – tão criticado e ao mesmo tempo tão essencial – pode continuar sendo um instrumento de progresso humano?

Que estas páginas tenham ajudado a responder algumas dessas perguntas e, mais importante, a instigar novas. Porque o mercado financeiro, tal como a história, é vivo, dinâmico e sempre aberto a novas interpretações.

Com gratidão pela sua companhia nesta jornada, espero que os ecos do dinheiro ressoem em suas ideias, suas decisões e sua visão sobre o mundo.

Referências

FERGUSON, NIALL. A ASCENSÃO do dinheiro: uma história financeira do mundo. São Paulo: Companhia das Letras, 2010.

FINCH, Christopher. In the market: the illustrated history of the financial markets. Nova Iorque: Abbeville Press, 2001.

PARKS, Tim. O banco Medici: poder, dinheiro e arte na Florença do século XV. Rio de Janeiro: Editora Record, 2008.

SANT'ANNA, Ivan. 1929: quebra da bolsa de Nova York: a história real dos que viveram um dos eventos mais impactantes do século. São Paulo: Editora Objetiva, 2014.

SMITH, B. Mark. The history of the global stock market. Nova Iorque: Columbia University Press, 2003.